U0958843

大民政时代浙江民政文化发展研究

浙江省民政文化研究课题组 编

中国社会出版社
国家一级出版社·全国百佳图书出版单位

图书在版编目（CIP）数据

大民政时代浙江民政文化发展研究／浙江省民政文化研究课题组编.
—北京：中国社会出版社，2016.12

ISBN 978-7-5087-5549-6

Ⅰ.①大… Ⅱ.①浙… Ⅲ.①民政工作—研究—浙江
Ⅳ.①D632

中国版本图书馆CIP数据核字（2017）第014916号

书　　名：大民政时代浙江民政文化发展研究
编　　者：浙江省民政文化研究课题组

出 版 人：浦善新
终 审 人：李　浩
责任编辑：张国洪　彭先芬　　　责任校对：丁　一

出版发行：中国社会出版社　**邮政编码**：100032
通联方法：北京市西城区二龙路甲33号
电　　话：编辑室：（010）58124822
　　　　　邮购部：（010）58124848
　　　　　销售部：（010）58124850
　　　　　传　真：（010）58124856
网　　址：www.shcbs.com.cn
　　　　　shcbs.mca.gov.cn
经　　销：各地新华书店

中国社会出版社天猫旗舰店

印刷装订：中国电影出版社印刷厂
开　　本：170mm×240mm　1/16
印　　张：14.75
字　　数：210千字
版　　次：2017年4月第1版
印　　次：2017年4月第1次印刷
定　　价：36.00元

中国社会出版社微信公众号

浙江省民政文化研究课题组

顾　　问　尚　清

负 责 人　郎友兴　罗卫红

主要成员　余　刚　陈东进

成　　员　张　品　王晓岑　阮云星　任　强

王嘉龄　李婉琦　肖可杨　王小娟

朱晓莲　袁辛雨　陈佳俊

前　言

浙江省民政厅厅长尚清在接受记者专访时指出，“文化是血脉，是凝聚自身力量、强化自我认同的标识。构建现代大民政，既是引领浙江民政事业发展的目标导向，也是引领体制机制创新的发展理念”，因此，“需要在挖掘历史文化资源的同时，推陈出新民政文化的时代符号”[①]。民政文化的确是一项具有战略意义的工作。民政事业正全方位、多层次、宽领域地融入社会经济发展，在更大范围内影响着人们的生活。在这种形势下，加强民政文化建设，对于民政事业的整体促进和推动，具有十分重要的意义和作用。如何挖掘传统文化的资源，大力弘扬民政文化和民政精神，深入挖掘民政文化内涵，并加以创造性的转换，加大民政文化的宣传力度，不断增强民政文化的社会认同感，让广大干部群众走近民政、了解民政、支持民政，在大民政时代不断挖掘和建设民政文化，服务于现代大民政的事业，是摆在民政系统的一个新课题。

研究大民政时代民政文化具有重要的意义。第一，大民政时代的文化自觉。中国当下时代变迁突出面临两个问题都需要强调一个“大民政”的概念。一是后工业化国家在经历经济起飞后都经历一个如何改善民生，如何从发展经济转为发展民生、服务民众的转型。在这样转型的背景下，对于社会困难群体，尊老爱幼，助残扶弱，对于先富起来的群体，引导向善向上，这些都对民政工作提出了更高的要求。二是工业化的社会普遍面临社会贫富分

---

①《大民生大服务构建现代大民政——与浙江省民政厅厅长尚清谈学习贯彻十八大精神》，2012年12月14日《中国社会报》，第1版。

化，社会流动增强，工业文明的发展对中国的传统文明与价值理念有不少的冲击，现今面对人们对于家庭、社区、工作单位，以及政府的认同感下降，社会的分化与利益的诸多冲突，使得社会稳定面临强大的挑战，而政府不仅面临管理与调理难度加大，而且自身也成为公众抱怨的对象。在这样的背景下，民政工作可以整合社会上不同群体，包括慈善工作中的富人，救济工作中的穷人，养老工作中的老人，社区中的本地人与外地人，诸如此类，民政部门是政府所有机构中面对最广泛公众的最直接的部门，大民政理念有助于恢复失序的社会规范。

第二，浙江的地方特色也需要大民政文化。浙江不仅经济发展居于全国前列，同时浙江的经济发展是以民营经济为主导，在这样一个市场经济发展相对于其他省份更为充分的地方，大民政文化也更契合浙江今后发展的需要。浙江省提出浙江人的基本观念为“务实、守信、崇学、向善”，浙江民政系统提出的“贴心为民、仁爱向善、共建共享”，这些理念都可以成为民政文化重塑的基本组成。大民政文化的理念也可以推动这些理念的发展，建立更成熟与更稳定的浙江特色文化。

第三，在这样一个时代与地方双重需求的背景下，如何打造有时代特征和地方特色的民政文化，领跑全国，将首先要求浙江省民政机构内部进行民政文化的重塑。民政机构部门是政府的窗口部门，在先前的政策作风转变中，政府已经在理念上发生了从“管理”到“服务”的转变，但是在大民政文化的塑造中，民政文化还应该强调民政机构人员整体的“协同”与局部的“专业”文化。民政工作有很多分支，从老到小，从贫到富，从个体到社区，从农村到城市，这些分支机构应该有自己的独特的专业文化，更加契合自己的服务对象。以养老为例，养老机构工作人员作为社会普通一员对养老有什么看法？他们对在实际工作中接触到的养老工作又有什么看法？他们对政府的民政管理部门有什么需求？民政养老机构管理部门又有什么主导理念？这些不同分支机构内部应该有畅通的信息沟通，通过相互对话，寻求共同认同的专业文化。

第四，民政机构内部文化的整合只是大民政文化工作的一部分，也是为了更好地服务于社会公众，大民政文化构建的另一部分就是民政体系内外沟通时所倡导的基本理念。民政部门服务的不同群体有不同的服务需求，民政部门不仅仅是倾听公众的要求，也应该在服务中引领与倡导健康的社会理念，契合社会主义核心价值观。以社区服务为例，社会流动的增强，人与人的沟通日益下降，个体的观念，尤其是偏激理念，变为自我理念不断加强模式，个体诉求的解决变得更加激烈甚至是暴力化，而政府部门则可以通过社区服务整合人与人之间不同的需求，解决社会矛盾。

第五，大民政文化的建构还离不开相应的宣传工作，无论是重塑民政机构内部的理念，还是引领社会公众风气，都需要在宣传工作中得以落实。在宣传中，根据大民政文化理念，应该更加强调参与式的宣传。由于群众路线已在进行，在民政部门内部的宣传中，为了不发生重复，可以在宣传中强调倾听基层机构工作人员的声音，比如用匿名问卷调查的方式获取一线服务人员的真实想法。在公众宣传中，除了通过问卷调查的方式获取公众的想法，也可以利用电视、电台、网络进行社区讨论（面对面），全民对话（网络方式）来探讨当今我们如何看待自己家中的老人、社区里的邻居、手中多余的资金，等等。在这种民众参与中，民政部门可以帮助政府与民众信息的双向交流。

同时，我们也不难看出研究民政文化所具有的重要的学术价值。中国的学术界极少关注和研究民政文化的问题，但是作为民政系统本身，基于自身的工作经验与体会，近些年来越来越重视民政文化建设。有些地方，如北京市民政局制定了《北京市民政局关于加快建设大民政文化的意见》并成立了民政文化研究会，湖北省宜昌市民政局出台了《民政文化建设实施方案》；有些则作了富有学术性的探索，例如江苏省民政厅课题组率先拿出了“新时期民政文化建设路径研究”成果，还有些对其本地的经验进行了总结，例如，浙江省衢州市民政局于2012年11月拿出了“基于‘现代大民政’背景的民政文化研究”之研究成果，这些都是很有参考价值的文献。

受浙江省民政厅委托，我们承接了2014年浙江省民政厅政策理论研究重大委托课题“现代大民政框架下浙江民政文化及传播策略研究”，并于2014

年7月着手研究。课题组自2014年7月到2015年1月，查阅资料，访问民政系统的干部，在假期里访问社区，并在2015年1月对全省包括民政厅、11个地市级民政局、90个县（市、区）民政局在内的所有民政工作人员进行了随机抽样的问卷调查，获得了1023份有效问卷，取得了第一手资料，成为分析的重要依据。此外，通过问卷调查，我们得到许多生动而典型的案例，使研究内容更加丰富、翔实。在这些基础上，课题组形成了《大民政时代浙江民政文化发展研究》报告。

课题组希望借此研究机会，能够提出有针对性的建言，推进浙江民政的建设，由此也呈现出本课题研究在理论与现实上的双重价值。具体来说，理论意义在于，在已有的民政文化研究基础上，展现出浙江特色和独有的民政历史文化，为民政文化研究提供地方素材，丰富中国民政文化研究，发展、充实浙江省民政工作的理论性、精神性成果，并更好地指导实践活动。在实践上，发现民政文化建设过程中存在的问题，并提出相应对策，有利于民政文化建设工作的顺利开展，更好地发挥民政文化调解社会矛盾、加强社会管理等功能；进一步营造良好的文化氛围，使得民众对民政文化有更深的了解，加强精神文明建设，提高民政工作者的思想觉悟，发挥其能力与智慧，使民政工作上一台阶。

在报告完成之际，作为课题组负责人，我要表示对民政厅副厅长罗卫红、宣教处处长余刚的感谢。尽管他们两位本身就是课题组的重要成员，在课题的内容设计、调研等有诸多贡献，但是，他们的贡献超出了课题组成员的角色，没有他们的协调、努力，我们的问卷调查与相关资料的收集工作就不会如此顺利而有效。我要感谢浙江省民政厅民政研究中心主任王先益的理解与支持，尤其是他对于课题研究内容和重点的把握、对于问卷设计的建议都使我们受益良多。同时，我们要感谢浙江上千名民政干部，他们积极参加问卷调查，配合我们的调研工作。最后，我要感谢课题组的每一位成员，正是他们的努力才使《大民政时代浙江民政文化发展研究》报告能够呈现在大家面前。

郎友兴　谨识

2015年3月31日

目录

第一章
大民政时代民政文化建设的价值与意义

党的十七届六中全会把文化建设提高到国家战略层面来布局，提出了努力建设社会主义文化强国的宏伟目标，这是基于大国成长历程中提升国家软实力、塑造良好国家形象的政治需要，也是社会转型过程中凝聚党心民心、振奋民族精神的现实需求。党的十八大报告指出："文化是民族的血脉，是人民的精神家园。全面建成小康社会，实现中华民族的伟大复兴，必须推动社会主义文化大发展大繁荣。""民政文化源远流长，底蕴深厚，题材丰富"，"需要在挖掘历史文化资源的同时，推陈出新民政文化的时代符号"[①]。如何挖掘传统文化的资源，大力弘扬民政文化和民政精神，深入挖掘民政文化内涵，并加以创造性的转换，加大民政文化的宣传力度，不断增强民政文化的社会认同感，让广大干部群众走近民政、了解民政、支持民政，在大民政时代不断挖掘和建设民政文化，服务于现代大民政的事业，是摆在民政系统的一个新课题。

---

① 李建永、赵晓明：《大民生大服务 构建现代大民政——与浙江省民政厅厅长尚清谈学习贯彻十八大精神》，2012 年 12 月 14 日《中国社会报》，第 1 版。

一、民政事业发展之路径：从“五大体系”到现代大民政

任何的改革创新，既要直面当前的形势任务，又接轨于既定的发展路径。浙江民政事业改革从20世纪90年代初起步，通过整合工作，建立社会福利、灾害救助、优抚安置、农村养老保险、专项社会事务“五大体系”，形成集约化制度创新机制，实现了民政事业快速发展。此后，又相继实施了“民政事业现代化”“五大平台”等部署，积累并形成了有浙江特色的基本经验。一是城乡统筹、均衡布局，坚持各项工作城乡统一部署，标准有别，均衡发展，最终实现城乡一体；二是体系整合、集约创制，既注重制度整体设计，又紧扣党委政府关心、群众关切、社会关注的重点、热点问题，重点突破，整体带动；三是政府主导、市场配置，牢牢把握民政是政府基本职能的定位，强化政府法定责任，充分发挥浙江市场配置资源优势，带动社会参与范围的持续扩大；四是强化基层、激发活力，坚持把尊重群众主体地位、民间智慧、基层首创作为改革创新的源头活水，健全基层民主治理机制，拓宽社会参与渠道，推广基层创新经验，始终保持改革创新的旺盛活力。

基于全面总结多年来浙江民政创新经验的总结提炼，接轨快速发展的改革路径，浙江围绕充分发挥民政在社会建设中的骨干作用的新定位，适时提出了实施现代大民政的战略建议。经过学界研讨论证，民政系统讨论完善，基层探索实践，省委、省政府在第十七次全省民政会议上确立了现代大民政战略，即要加快实现从传统民政向现代大民政的转型，构建完善适度普惠的社会大福利格局、城乡一体的社会大救助格局、民政基层社会管理的大协同格局、军地军民发展的大融合格局、优质高效的社会大服务格局。

二、大民政时代构建和发展民政文化的客观需求

民政文化是一项具有战略意义的工作。当前，民政事业正全方位、多层

次、宽领域地融入社会经济发展，在更大范围内影响着人们的生活。在这种形势下，加强民政文化建设，对于民政事业的整体促进和推动，具有十分重要的意义和作用。

（一）发展民政文化是加快先进文化建设的客观要求

民政文化中蕴含的乐善好施、邻里互助、孝亲敬老、拥军爱国等情怀，不仅是中华民族的传统美德，也是社会主义先进文化的重要内容。民政文化以独特的行业文化，集中向社会传播民政领域深厚的文化内涵和优秀的文化积淀，展现民政事业的软实力以及向外辐射民政工作的魅力、吸引力和影响力。

（二）发展民政文化是加强社会管理创新的时代要求

民政在加强和创新社会管理方面承担着重要职责，加强和创新社会管理，亟须构建和发展民政文化，回应民众诉求，激发社会活力，凝聚社会共识，形成新型社会管理创新体制机制，增强人民群众福祉，促进人的自由全面发展，实现社会和谐稳定，充分发挥民政在社会建设中的骨干作用。

（三）发展民政文化是民政事业科学发展的内在要求

民政文化是民政事业的灵魂，是民政事业科学发展的强大动力。民政工作内容的“多元化”必须通过民政文化这一平台来向社会传递出“一元性”，即民政价值观和民政精神，展示民政部门良好形象，提升民政事业社会公信力，扩大民政文化社会影响力，赢得社会各界的广泛认同，共同推进民政事业科学发展。

（四）发展民政文化是打造现代强势民政的重要途径

观念层面的改变和创新必须依靠民政文化的建设。民政文化是民政事业的灵魂，作为一种无所不在的软力量，渗透于民政事业的各个层面之中，是提升民政事业发展水平的强大力量。新中国成立后，经过不断发展、整合，我国的民政事业逐步形成了以社会工作为核心的体系，民政事业的范畴相对稳定。近两年，有一些民政工作者和专家学者认为民政事业已经具备独立社会事业门类的地位，呼吁把民政事业作为社会事业的独立部门整体纳入国民经济和社会发展规划中，实现民政事业在21世纪的整体跨越。这就给民政文化的作用发挥提供了广阔的舞台。民政事业要实现整体跨越，除了自身积累的力量之外，关键的一点还在于精神文化的创新和观念层面的改变，包括各级政府、领导和广大群众。一个社会事业门类发展到一定阶段，在某种程度上就是文化的发展。没有深厚的文化底蕴，没有先进文化的引领，没有文化创新的持久推动，要想进一步壮大和超越自己，是很难的。民政文化一旦形成，不仅能够团结、凝聚人心，而且会形成对民政工作者的行为的牵引和约束，在民政事业的跨越发展中起到“助推器”作用。

（五）发展民政文化是民政事业创新发展的重要方向

要做到民政事业的全面发展，就不能仅仅重视有形的业绩建设，忽视无形的精神成果。当前，我国的民政事业正处在继承传统和形成新的价值理念的重要时期。民政事业的价值理念归根结底就是民政精神，民政精神是民政事业发展的精神动力和精神支撑，具有强烈的吸引力、凝聚力和号召力。从1986年以来，全国民政系统一直在倡导“孺子牛”的无私奉献精神，但是随着经济社会的发展进步，民政工作者的行为方式、思维方式不断发生变化，社会对民政工作和民政人的认识也在变化，而我们的民政精神、价值理念的提炼和概括却存在滞后现象。树立什么样的民政精神取决于有什么样的民政文化基础。因此，民政文化的构建和发展有利于民政精神的培育。从民政文化的高度引导民政精神的树立和民政观念的与时俱进，摒弃不合时宜的思维定式和观念，树立与形势发展相适应的新时代民政精神，才能促进和改善民政工作的管理体制、运行机制和工作方式，提高民政事业的发展水平。

面对大量开创性的、前人没有提出或没有涉及过的民政课题及新的业务，如何创新发展是民政部门的一项迫切任务。民政文化具有导向功能，民政价值观与民政精神，能够为民政事业发展提供具有长远意义的、更大范围的正确方向，为民政事业的战略和政策制定提供依据。在新的形势下，创新发展民政工作思路，最大限度地发挥各级民政工作者的智慧至关重要。用统一的文化统领和指导民政工作者，把各地的民政工作者都凝聚到民政文化中来，才能同举一杆旗，共建新民政。民政文化不是影响民政事业发展最直接的因素，但却是最持久的一股力量。因此，民政文化的构建和发展尤其是观念创新对民政事业的持续发展而言是首要的。2004年1月，全国民政厅（局）长会议提出了“以民为本，为民解困”的宗旨，并明确“维护民利、解决民生、落实民权”是新时期民政工作的新任务和新内涵。这一理念的提出正是民政文化的积淀和创新，成为今后一个时期民政工作发展的思路和方向。

（六）发展民政文化是扩大民政社会影响的重要平台

根据有关统计，目前民政内容已由过去的20多大项，增加到现在的30多大项，越来越事关国计民生和广大人民群众的根本利益[①]。近年来，在民政系统内部和研究民政的部分专家学者眼里，民政工作日益重要，地位亟待提升。但是在社会大众当中，民政部门包括民政工作影响力仍然较弱。其中原因与民政业务相对独立、关联性不强有关，但根本原因还是缺少一种有效整合的文化载体和平台，导致民政资源分散，难以形成鲜明、清晰、集中的民政品牌，减弱了社会影响力。因此，民政工作内容的“多元化”必须通过民政文化这一平台来向社会传递出“一元性”，即民政价值观和民政精神，只有这样，才能增强民政的声音，强化民政的形象。从民政部门承担的具体业务来看，如优抚安置、社区建设、救灾救济、殡葬管理、区划地名等，实际

---

① 高成运：《构建和发展民政文化的思路与对策》，民政部政策研究中心，http://zyzx.mca.gov.cn/article/yjcg/zh/200807/20080700018663.shtml（2015 年 2 月 1 日上网）。

上都已经形成了自己的拥军文化、社区文化、慈善文化、殡葬文化、地名文化等，应通过民政文化整合这些子文化，集中向社会传播民政领域深厚的文化内涵和优秀的文化积淀，展现民政事业的软实力，向外辐射民政工作的魅力、吸引力和影响力。

三、大民政时代构建和发展民政文化的现实基础

民政文化是一种行业文化，是从文化的深层面来研究和探索民政部门实施行政决策、行政行为过程中形成的有形或无形的成果，它是民政思想意识、价值理念、政策法规、民政行为的总和。与在社会上已经有广泛影响的企业文化、军营文化、校园文化、公安文化、石油文化等相比，民政文化还仅限于民政宣传的层次上。随着社会的进步和形势的发展，民政工作内容越来越丰富，任务越来越繁重，涵盖面越来越广，民政工作也越来越需要得到社会的重视、理解和支持。构建民政文化这一文化体系的时机和条件已经具备。

（一）和谐社会的建设为构建和发展民政文化提供了历史机遇

党的十六届四中全会提出了建设社会主义和谐社会的战略任务，在这一伟大历史过程中，民政干部队伍是一支不可替代的重要力量。民政部门具体负责救灾救济、最低生活保障、优抚安置、福利服务、社团管理、基层政权建设、社区建设、婚姻登记管理、儿童、老年人和残疾人福利服务等多项工作，集中体现了“上为政府分忧，下为百姓解愁”的传统职能和“服务政府”的现代职能。民政工作与和谐社会的建设密切关联，目标高度一致。在和谐社会建设中，民政工作地位突出、作用显著，必将成为全社会关注的焦点。在和谐社会建设中，民政部门有可能成为“为民服务”的“强势部门”，而强势部门的特征之一就是向社会传播自己的文化。因此，民政部门和民政人在做好一件件实事的同时，能否向社会传递出独特的民政价值观和

民政精神至关重要。要抓住这一历史机遇，确立民政文化地位，形成民政文化优势，建立民政文化社会认同。

（二）以民为本的理念为构建和发展民政文化提供了丰富内涵

科学发展观的核心思想是“以人为本”。民政工作以“以民为本、为民解困”为己任，体现了“以人为本”的要义。在新的形势下，民政部部长李学举曾提出民政工作要维护民利、解决民生、落实民权，这是民政工作“以民为本”的具体诠释。维护民利，就是维护人民群众的切身利益；解决民生，就是解决人民群众的生活困难；落实民权，就是落实人民群众的民主政治权利。民利、民生、民权最终都是“为民”，这一崭新的理念决定了民政文化是以民政为民、爱民、利民、乐民为主旨的民本主义，这是民政文化的核心和灵魂，是民政文化最根本的东西。可以说，建立在“以民为本”的理念之上，使形成民政文化的历史传统、文化精神、价值体系、时代特质、思想理论和实践成果等多个因素有了贯穿的主线，民政文化的内涵科学、厚重、丰富，必将产生强大的辐射力、亲和力和影响力。

（三）民政事业的跃升为构建和发展民政文化提供了成熟条件

市场经济的深入发展，促使民政工作发生了根本性变化，工作内容不断向前延伸，民政对象扩展到更多的人群，社会事务管理工作加重，国家宏观决策层和广大群众对民政事业越来越关注，民政事业进入了一个整体跨越的发展阶段。“民政吸引”成为一种社会现象，这种新的变化为民政文化的构建提供了有利条件。从物质层面看，民政部门从上到下具备了自成体系的文化传播平台，如出版社、报纸、杂志、网站、网络电视台等，以及民政人的“孺子牛”标志、民政部门的徽标形象等；从制度层面看，民政部门已逐步完善、健全各项工作体系，反映在行为状态上，21世纪民政工作者已形成自己的思想方法、工作方式、作风特点和形象风貌等；从精神层面看，民政工作体现了对困难群体的物质帮助与人文关怀，体现了“以人为本”的人道主义思想。可以说，组成民政文化的三种形态条件都已具备、成熟。

四、民政文化建设对现代民政发展的意义

文化是血脉，是凝聚自身力量，强化自我认同的标识。构建现代大民政，既是引领浙江民政事业发展的目标导向，也是引领体制机制创新的发展理念。新理念的形成，不仅来源于时代形势变迁后激发的理论创新成果，更注重在历史传承中升华认识，需要充分汲取民政工作现代创新成果和优秀传统文明成果的养分。文化作为社会机体健康的基因，发挥着驱动器、黏合剂、软实力的作用。“现代民政”的建构同样离不开文化力量的参与，现代民政文化可以为民政事业的发展提供精神的凝聚力、知识的培育力、观念的创造力和制度的革新力。

当代社会，文化越来越成为民族凝聚力和创造力的重要源泉、越来越成为综合国力竞争的重要因素，越来越成为经济社会发展的重要支撑。党的十七届六中全会通过的《中共中央关于深化文化体制改革推动社会主义文化大发展大繁荣若干重大问题的决定》指出，必须坚持社会主义先进文化前进方向，以科学发展为主题，以建设社会主义核心价值体系为根本任务，以满足人民精神文化需求为出发点和落脚点，以改革创新为动力，发展面向现代化、面向世界、面向未来的，民族的科学的大众的社会主义文化，培养高度的文化自觉和文化自信。民政文化源远流长，底蕴深厚，题材丰富。如社会救助文化体现为民解困的仁政情怀，婚姻文化体现生生不息的家庭意识，殡葬文化体现慎始敬终生命意识，老龄工作体现重孝厚养的尊老意识，地名文化体现乡土归属的地缘意识，以及社会工作体现“助人自助”的工作理念，福彩文化体现公益、慈善、健康、快乐、创新的特征，还有社会组织、社会福利、社区建设、慈善事业，等等。需要在挖掘历史文化资源的同时，推陈出新民政文化的时代符号。

表1-1　民政文化对民政工作的意义[①]

		频率	%	有效 %	累计 %
有效	非常有意义	422	41.4	41.7	41.7
	有意义	496	48.6	49.1	90.8
	一般	85	8.3	8.4	99.2
	没有意义	5	0.5	0.5	99.7
	毫无意义	3	0.3	0.3	100
	合计	1011	99.1	100	
缺失	1	1	0.1		
	系统	8	0.8		
	合计	9	0.9		
合计		1020	100		

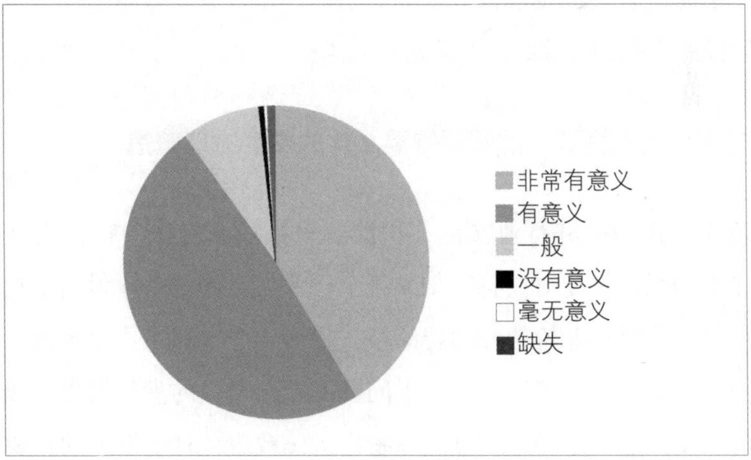

图1-1　民政文化对民政工作的意义[②]

①② 数据来源于课题组《浙江省民政文化调查问卷》。

我们的问卷调查数据也充分表明了这一点。2014年12月至2015年1月，课题组分别从浙江省民政厅、11个地市级民政局、90个县（市、区）民政局，随机抽取了1023名调查对象，进行了《浙江省民政文化调查问卷》。数据显示，90.8%的受访者认为民政文化对于民政工作是有意义的，可见民政文化建设的意义已经成为全省民政工作者的一个基本共识。

（一）“现代民政”的发展需要文化的支撑方能持久[①]

如果说19 世纪是以军事征服世界，20世纪是以经济征服世界，那么21世纪则是以文化征服世界。对于现代民政的长远发展而言，文化力不但不可或缺而且至关重要。随着社会主义市场经济体制的建立，社会转型、体制转化、观念转变，新情况、新问题、新挑战层出不穷，现代民政事业要完全实现从“以事为本”向“以人为本”的理念升华，从“重城轻乡”向“城乡统筹”、“补缺”向“普惠”的思路转变，从社会救助兜底向公共福利服务的功能延伸，从维护社会稳定向促进社会和谐的作用提升，最本质的力量都来源于文化。没有文化的支撑，民政就没有未来。

（二）“现代民政”的特质需要文化的滋养方能塑造

民政文化作为一种行业文化，积淀着民政最深层次的精神追求和行为准则。先进的民政文化对内将时刻鼓舞全行业人员为之奋斗付出，对外将塑造行业形象，彰显行业价值和独特品格。1999年，《城市居民最低生活保障条例》全面实施，体现了民政在民生问题上不断增强的责任担当；2000年，城市社区建设开始在全国正式推进，发出了民政服务社会发展的重要信号；2003年，城市流浪乞讨人员由收容遣送转变到救助管理，彰显了民政不断深

① 李富胜:《民政文化在“现代民政”构建中的功能作用》，2010 年 8 月 11 日《中国社会报》，第 B02 版。

化的人本理念；2006年，《农村五保供养工作条例》颁布实施，开启了社会福利由补缺向适度普惠转变的序幕……这些独具特色、为民惠民的行业特质，归根结底都是源于现代民政文化的滋养和塑造。它为民政干部的行为、感觉和思维提供权威性准则，深刻影响着民政干部的行为取向和价值取向，深刻影响着民政事业的发展模式、制度选择、政策建构以及行为方式，进而从根本上决定着民政事业发展的速度、质量和水平。没有文化的滋养，民政就没有属于自己的品格。

（三）“现代民政”的力源需要文化的认同方能合聚[①]

文化具有强大的同化力和融合力，具有历久弥坚的凝聚力和向心力。现代民政文化能够赋予民政人共同的目标、理想、志向和期望，为其提供一套共同遵循的价值标准，搭建一个凝心聚力的精神载体，极大地激发其工作主动性、积极性和创造性，进而提升服务力、增强竞争力、扩大影响力。现代民政文化能够赋予民政人丰富的精神世界和强大的精神力量，促使民政工作者把服务人民、服务社会转化为自觉行动，通过持续开展和不断加强文化建设，向全社会传播民政的行业文化和社会价值，使之成为社会主义先进文化与核心价值体系的鲜活要素，增强全体民政人的职业荣誉感和自我价值实现的满足感，极大地激发干事创业热情，主动提高自身的服务标准和服务品质，自觉维护民政的社会形象，从而汇聚成民政事业加快发展的旺盛生命力、不竭创造力和强大凝聚力。

① 李富胜：《民政文化在“现代民政”构建中的功能作用》，2010年8月11日《中国社会报》，第B02版。

五、大民政时代民政文化的价值与功能

（一）救助性：民政文化是个体生命的救护车

谈到民政文化的时候，一般都说有亲民性，这还没有说透，民政文化不是泛泛的亲民性问题，而是扶危济困的救助性。包括减灾救灾、伤残抚恤、免费救助、鳏寡孤独抚养等，民政文化是生命的救护车，这种救助性文化是维系和维护生命存在的最后一道保障网，是人类道德文化中最神圣、最光辉、最崇高的大爱文化。民政文化建设得好，覆盖得全，社会就不应该出现“室有饿殍、野有寒魂”。

（二）公益性：民政文化是整体社会的润滑剂

民政文化不是竞争性、营利性的企业文化，而是公益性、慈善性的。包括社团管理，应该加强对非营利性社团文化建设，一些社团在活动中经常违规出现问题，核心问题是对民政文化的公益性特征理解不够，执行不力，往往在社团活动中把公益性的民政文化与营利性的企业文化掺杂在一起。现在炒卖阴宅墓地，也是对民政文化公益性特征的消解。过去穷人买不起墓地还有公益性的义冢可葬，现在没钱，真有可能是死无葬身之地。公益性的民政文化在社会已经实现一部人先富起来的情况下，应该大力倡导全民全社会参与到公益性慈善性的文化建设之中，不能只靠政府，要在全社会营造一种大民政的公益文化氛围，以奖代罚，树立榜样，发挥民政文化社会润滑剂的作用。

（三）减震性：民政文化是政府和管理者的减震器

纵观历史，每一次大的社会动荡、民众起义，基本上就是天灾与人祸共同作用的结果。灾荒肆虐，民不聊生，而政府和管理者不但不能给予有效的赈灾救助，有时甚至不顾百姓死活，横征暴敛，鱼肉百姓，结果是“水能

载舟，亦能覆舟”。良好的民政文化，能为政府和管理者有效地减少社会震荡。减震性，是民政文化维护稳定、减少动荡的最突出、最显著的功能。民政工作要依靠文化的这种柔韧性和“以文化育”的功能，通过民政文化扶持社会困难群体，从文化认同中实现民族认同和国家认同，实现人的全面发展和社会的和谐进步。认识到民政文化的个性特征极其独特的价值和意义之后，就使得我们在进行民政文化的体制改革与机制创新时，方向明确，思路清晰。凡是与民政文化本质属性相一致的文化体制和运行机制，就应该大力扶持和倡导，反之则应该抑制和革除。

第二章
民政文化与浙江民政文化演进史

民政文化对民政工作的开展和民政事业的发展具有重要意义。但在当前关于什么是民政文化并没有一个简洁统一的定义，在提出“大民政”概念之后，民政文化的概念更需要研究界定。而要了解民政文化的内涵，首先就要知道民政的内涵，探索民政文化的特征及其构成，在此基础上，可以较为清晰地梳理与呈现出浙江民政文化的演变与发展的历程。

一、民政、现代民政和现代大民政

（一）民政

“民政”在现代社会中是一个词，而在古代社会中是两个词，“民”和“政”是分开的。“民”是指百姓，“政”是指“统治者率领黎民百姓走正道”[①]。在西方社会，哲学家们对“政”也很早就进行了思考，如亚里士多德认为，政治在所有技艺中是最高的，它旨在实现人类的最高善业。由此可

① 衢州市民政局研究课题组：《基于“现代大民政”背景的民政文化研究——以衢州为例》，2012 年。

见，不论是古代中国还是古代西方，对于“政”的理解有共通之处，都是要增进人的利益。“1906年，清王朝‘预备仿行宪政’，设立了民政专管机构——民政部及专管职官（民政部尚书、左右丞、左右参议等），这标志着我国民政管理的独立和民政事务的确立。”[①]民政管理的独立意味着民政文化作为一种具有其自身特色的文化开始发展。

（二）现代民政

新中国成立以后，民政工作经历了不同的发展阶段。由于广大农村是以血缘、地缘、业缘为基础的社会关系网络来承载社会建设和保障的重要职能，因此新中国成立后的头30年，民政工作发挥作用的空间不大。“改革开放以来，市场经济的发展以及由此引发的经济结构、社会结构的重大转型，导致以血缘、地缘、业缘为基础的传统社会关系网络不足以更好地承载社会建设和保障的任务。鉴于此，民政工作在许多领域进行了改革探索和开拓创新。”[②]首先，民政工作的服务对象迅速增多；其次，社区在城市管理中的作用日益凸显，民政工作大量向社区转移；最后，民政工作由于其自身的利民性质，在新环境中，就开始动员社会力量发展社会福利事业。

（三）现代大民政

在2012年召开的第十三次全国民政会议上，温家宝总理、回良玉副总理关于民政工作提出了“一统四分”的目标与内容，即“一是围绕保障和改善民生，努力发挥民政的保底作用；二是围绕加强和创新社会管理，努力发挥民政的基础作用；三是围绕国防和军队建设，努力发挥民政的支持作用；四

①② 衢州市民政局研究课题组：《基于“现代大民政”背景的民政文化研究——以衢州为例》，2012年。

是围绕提供和强化社会服务，努力发挥民政的支撑作用”①。“一统四分”的目标与其蕴含的精神，是全国民政发展的共性，而浙江省的发展又有其个性所在，特别是面临经济发展的新趋势，需要更切合自身的民政理念，“现代大民政”应运而生。

“现代大民政”的概念，要从“现代”和“大”的角度来理解。首先“现代”体现的是民政工作的时代性。在理论上，它要遵循社会主义核心价值体系；在实践上，政策制定和工作决策要体现科学性，基础保障要实现现代化，充分运用现代管理手段和现代科学技术。其次，“大”是从民政工作的服务对象，社会参与度、福利覆盖面等方面来说的。第一，如前所述，在改革开放以后，业缘、地缘、血缘为基础的传统社会关系网络不足以更好地承载社会建设和保障的任务，因此民政工作的发挥空间就大了，直接服务对象迅速增加，这就需要民政部门拓展“大服务”；第二，社会力量在社会发展中发挥越来越大的作用，需要动员社会力量在社会建设中发挥骨干作用；第三，城乡之间、东中西部区域之间的差距缩小，就需要完善社会福利和保障制度。

从古代民政一直到现代大民政的发展历程，我们可以肯定地说，民政与民生息息相关，而民政文化必须是立足于“民”的文化。“大民政”的本质理念即“民生为重，造福于民”，而“大民政”的实践即是贯彻该理念的体制创新探索。而在实践方面，“大民政”对社会管理体制转型的探索则体现在以下六个方面：“治标管理与治本管理相结合，刚性管理与柔性管理相结合，社会服务与社会管理相结合，社区管理与社会管理相结合，政府主导与多方参与相结合，科学精神与人文关怀相结合。”② 这些探索，总的来说即建立与国家的经济与社会状况相适应的适度普惠型社会福利体制。

---

① 衢州市民政局研究课题组：《基于“现代大民政”背景的民政文化研究——以衢州为例》，2012年。

② 郑杭生：《民生为重、造福于民的体制创新探索——从社会学视角解读“大民政”的本质和重大意义》，载《新视野》2011年第6期。

二、民政文化的内涵、特征及其构成

（一）民政文化的内涵

要界定民政文化的内涵，首先就要了解什么是“文化”。《辞源》将“文化”解释为“文治和教化”[①]。《辞海》对文化的定义是：“广义指人类社会历史实践过程中所创造的物质财富和精神财富的总和；狭义指社会的意识形态，以及与之相适应的制度和组织机构。”[②]结合《辞海》对“文化”的定义和民政工作本身的特点，笔者认为，以下的民政文化定义比较准确：“民政文化是指在民政部门实施行政决策、管理手段及行政行为的过程中，以诉求人的基本生存权、民主权的根本保障为价值目标，进而形成的有形或无形的成果，也就是说，民政文化作为一种行业文化，它是民政思想意识、价值理念、政策法规、民政行为的总和。”[③]

（二）民政文化的特征

如前所述，民政文化是一种行业文化，它具有文化的共性，如导向性、习得传承性、融合创新性等，还具有自身的行业特性，如救助抚恤性、公益慈善性、政治文化性等。

1. 济慈性

济慈性指的是民政文化扶危济困的特性，包括减灾救灾、伤残抚恤、帮助困难群体等。每个人，不管是政客富商，还是平民百姓，不管是身体健康、四肢健全的，还是肢体残缺、卧病在床的，作为人本身而言，都是平等的。而民政文化是生命的救护车，它维护每个生命个体的尊严和价值。

---

① 商务印书馆编辑部：《辞源（第二册）》，北京·商务印书馆，1980 年版，第 1357 页。

② 巢峰主编：《辞海（下册）》，上海辞书出版社，1989 年版，第 4022 页。

③ 黑龙江省民政厅民政文化课题组：《民政文化研究初探》，载《中国民政》2003 年第 11 期。

2. 公益性

民政文化不是竞争性营利性的企业文化，而是公益性的。在竞争日益激烈的现代社会，大部分人为了生存，奔波劳累，一有资源就想尽办法争夺，形成恶性竞争。而公益性文化就是要改善这种现状，将资源按正义的原则进行分配，让人们不要仅仅从自身出发，变得越来越焦虑，而是从集体出发，做出一些有利于社会、他人的事，最终有利于自身。

3. 减震性

纵观历史，每一次大的社会动荡、民众起义，基本上就是天灾与人祸共同作用的结果。灾荒肆虐，民不聊生，而政府和管理者不但不能给予有效的赈灾救助，有时甚至不顾百姓死活，横征暴敛，鱼肉百姓，结果是“水能载舟，亦能覆舟”。良好的民政文化，能为政府和管理者有效地减少社会震荡。减震性，是民政文化维护稳定、减少动荡的最突出、最显著的功能[①]。

4. 亲民性

儒家文化是中华传统文化的主流，民本思想是中国儒家传统文化的重要内容，到孟子时发展为一个相对完整的体系。孟子提出：“民为贵，社稷次之，君为轻。”而民政文化中的亲民性是对古代民本思想的践履。

5. 传承性

从上述古代民政到现代大民政的发展过程，可以看出民政一直在传承，而民政文化也在不断传承。

6. 多元性

民政工作中相对独立的各种业务比较多，如殡葬文化、社区文化、优抚

① 万安伦：《民政文化的特性与功用》，载《中国民政》2012年第1期。

文化、社团文化、老年文化等，这体现了民政文化的多元性。

7. 时代性

随着时代发展，社会进步，人们的需求也会发生变化，特别是面对国际的全球化，国内市场经济的不断完善，人们的生活方式、需求也在改变。而民政就是要时时刻刻为群众提供适宜的服务，与之相关的民政文化就体现了强烈的时代性。

（三）民政文化的构成

关于民政文化的研究，目前主要有两种模式：第一种研究模式是从“文化”的定义入手，根据“文化”的狭义或者广义解释，来定义民政文化的内涵，并归纳出民政文化的特性、功能、意义乃至建设愿景。民政文化是民政部门在长期的民政实践活动中所创造的特定文化，它既是行政文化的一个分支，也是整个文化体系中的一个子系统。从形态上来看，民政文化可以分为三个层次：一是观念文化，这是在长期的民政工作中积淀而成、被普遍接受的观念、信念、价值观和行业准则，比如“以民为本、为民解困、为民服务”的民政工作理念；二是制度文化，即基本制度、基本规则和具体的体制、机制和行为规范，如《城市生活无着的流浪乞讨人员救助管理办法》；三是物质文化，如办公和服务设备、场所等，这是最容易见到的、直观的文化形态。

第二种研究模式是以民政工作中相对独立的各种业务为分类标准，对民政文化进行分类，诸如殡葬文化、社区文化、优抚文化、社团文化、老年人文化等，然后分别进行归纳总结，如《北京市民政文化专题研究》（《中国民政》2004年第1期）中所收录的各篇专题文章。从上述民政内涵的演变来看，以民政工作中相对独立的各种业务为分类标准，将民政工作分为双拥工作、慈善工作等，再将这些子工作所体现的文化合并，就构成了完整的民政文化。

我国的民政工作历史悠久、源远流长，是最原始、最古老的国家行政管理工作，许多民政业务已有3000多年的历史。经过2008年机构改革之后，民政部作为国务院主管有关社会行政事务工作的职能部门，具体职责有20多大项，大致可以归结为四个方面：一是保障民生方面，主要是减灾救灾、社会救助、社会福利、促进慈善事业发展等工作；二是发展民主方面，主要是指导城乡基层自治组织建设，促进城乡基层民主政治建设，牵头推动村务公开、民主管理工作，推进城乡社区建设；三是服务国防方面，主要是军人优待、抚恤、安置，烈士褒扬、革命纪念物管理和拥军优属等工作；四是服务社会方面，主要是社会组织注册登记和监督管理，行政区划和地名管理，行政区域界线管理，婚姻、殡葬、儿童收养和生活无着人员救助等方面的工作，近年来，又增加了养老服务、社会工作人才队伍建设等职能。

如上所述，民政工作中相对独立的业务比较多，这使得民政文化具有多元性。这样探讨民政文化的具体构成就显得十分必要。笔者以民政工作中的具体业务为分类标准，将民政文化分为慈善文化、救灾救济文化、社区文化、养老文化、双拥文化、地名文化等。

1. 慈善文化

慈善文化指与慈善有关的精神价值，存在于人的思想中、互动的氛围中，它包括慈善的感情、道德信仰、习惯仪式等。我国目前的慈善文化，主要有两个渊源，一是中华传统的优秀慈善文化，二是发端于西方特别是欧美的现代慈善文化。当代中国的慈善文化本质上就是弘扬社会主义核心价值观，民政工作与慈善工作息息相关，主旨都是仁爱向善，为民解困，做好民生保障工作[①]。慈善工作主要有宣传工作，民政部门与慈善总会联合，利用新闻资源、网络传播来加大慈善宣传，营造社会关心慈善的氛围；募集善款；

① 浙江省民政厅：《罗卫红副厅长调研慈善文化和宣传工作》，http://www.zjmz.gov.cn/il.htm?a= si&key=main/01/stdt&id=4028e4814bcc705d014bee0cdfec02f9。

开展帮扶工作等。

2. 救灾救济文化

救灾救济直接体现了民政文化扶危济困的特性。而民政部门着力于防灾减灾工作，发挥国家减灾委的组织协调作用，推进防灾减灾体系建设；注重防灾减灾宣传，普及防灾减灾知识，提高公众的防灾减灾意识和技能。紧密结合当地实际，切实保障人民群众的生命财产安全，减少灾害造成的影响。救灾救济文化，是支撑国家开展救助活动的思想伦理道德基础、行为规范和法律制度安排。救灾救济与慈善不同，前者是以民间和社会团体为提供主体，后者是以政府为主要提供主体。救灾救济文化有两个主要渊源，一是根植于中国传统文化中体现儒家“民本”思想的“救灾恤怜”文化；二是随着西方文明传播而来的，建立在人权理论、社会保障理论基础上的现代社会救助思想与观念。救灾救济文化的两个主要渊源之间，以及救灾救济文化与慈善文化之间共通之处，则是人类对自身人性中“怜悯”“慈悲”之心的肯定与颂扬的观念。

3. 社区文化与“三社联动”

社区文化是通行于一个社区范围之内的特定的文化现象。包括社区内的人们的信仰、价值观、行为规范、历史传统、风俗习惯、生活方式、地方语言和特定象征等。民政部门的主要工作是宣传以社会主义核心价值体系为导向的社区文化，联合社区组织举办丰富多样的活动等。目前，社区文化逐步走向“三社文化”的建设。“三社联动”是以社区为平台，以社会组织为载体，以社会工作专业人才为支撑的互动机制，通过社区建设、社会组织培育和社会工作专业人才参与的方式，形成“三社”之间的长效互动和资源共享机制，从而构建出具有活力的基层社会治理新格局。因而推动“三社联动”有效运行的社会自治与协同、专业行业化等文化要素更是民政文化建设的重要组成部分。

4. 养老与孝道文化

人类社会早期中西方的养老文化就存在许多差异。中国传统意义上的养老文化基本上等同于“孝”文化。中国传统的孝道文化，是中国传统文化中一个非常鲜明的特色。既构成正统思想儒学中“礼”的一个重要组成部分，同时也广为群众所接受，成为自觉的行为规范。孝文化概括起来可以分为从物质上孝养和从精神上孝顺两大方面。感恩、孝敬、平等、保障、共享、和谐共同构成现代孝道文化的新理念。几千年来，孝道文化为维系家庭和谐、政治社会稳定、经济发展发挥了积极的作用。

5. 双拥文化

双拥文化是现代中国民政文化中特有的一种形式，它以密切军政关系、构建和谐社会为价值取向，以倡导、研究、阐释、传播军政军民和谐理念为主要内容，融思想观念、社会风尚、行为规范、政策制度于一体的一种文化形态，与其他文化相比，一个显著的特点就是政治的融合性与国防保障的特供性[①]。拥政爱民、拥军优属是我们的光荣传统。民政部门的主要工作是宣传双拥文化、推进省级双拥模范城（县）创建、完善优抚安置保障体系、促进政策法规落到实处。

6. 地名文化

地名文化最主要的特征是它的历史传承性与地域文化的认同性。地名是传承历史的重要载体，已经构成一种独特的文化现象。地名是人们赋予某一特定空间位置上自然或人文地理实体的专有名称。一个地名，是一方地域人们对该地域的自然环境、社会人文、民风习俗的一个认知、积淀的产物。纷繁的地名，它内含着大量的地域民众共同的精神财富，它包括地域民众的共

① 何校生：《说说双拥文化》，http://www.zjol.com.cn/05culture/system/2007/10/22/008904746.shtml。

享思想和精神价值，是一种特殊的文化现象[①]。民政部门主要负责命名、更名、调整地名，完成地名编纂工作。

此外，还有婚俗文化、殡葬文化等。本研究报告将重点放在慈善文化、养老文化和社区文化。我们的问卷调查数据也充分表明了这一点。2014年12月至2015年1月，课题组分别从浙江省民政厅、11个地市级民政局、90个县（市、区）民政局，随机抽取了1023名调查对象，进行了《浙江省民政文化调查问卷》统计。数据表明（见表2-1），位居前三位的是养老文化（21.9%）、三社文化（16.2%）和慈善文化（12.1%）。

表2-1　请您列举出3—5个您认为属于民政文化范畴的概念（例如慈善文化），并请按照重要性加以排序：

民政文化类型	表述形式	总计（人次）	%
养老文化	养老文化 161，敬老文化 15，老年文化 7，孝文化 25，老龄文化 17，孝顺文化 1，孝慈文化 5，孝慈文化 1，孝道文化 39	271	21.9
三社文化	三社文化 27，社团文化 17，社区邻里文化 1，三社建设文化 1，三社 17，社区 5，社工 8，社会组织 1，社区文化 118，社会组织文化 6	201	16.2
慈善文化	慈善文化 144，慈善 6	150	12.1
地名文化	地名文化 135，地名保护文化 1	136	10.9
丧葬文化	殡仪文化 4，殡葬文化 122，丧葬文化 1	127	10.2
双拥文化	双拥文化 87，拥军文化 11，双拥 6，拥军 7，优抚 9	120	9.7
救助文化	救助文化 62，救灾救济文化 1，救助 14，救济文化 6，救灾文化 8	91	7.4
婚姻文化	婚姻 10，婚姻文化 47，婚俗文化 20	77	6.2
公益文化	公益文化	16	1.2
福彩文化	福彩文化 9，彩票文化 4	13	1.1
福利文化	福利文化	11	0.8

① 徐挺、霍永军：《慈溪地名中的文化元素和特色文化塑造》，http://www.nbmz.gov.cn/UpLoadFiles/20110815051239.doc。

续表

民政文化类型	表述形式	总计（人次）	%
志愿者文化	志愿者文化	9	0.7
邻里文化	邻里文化	7	0.5
移民文化	移民文化	3	0.2
人文关怀文化	人文关怀文化	3	0.2
廉政文化	廉政文化	2	0.1
总计		1237	100

注：受访者的答案中仅出现一次的与明显偏离问题的答案没有计数。

三、浙江民政文化发展的总体特征

中国民政文化源远流长，底蕴深厚，题材丰富。浙江省很早就开展了比较系统的民政建设工程，并在实践中逐步探索发展出具有自身特色的民政文化。新时期以来，随着经济建设的不断发展，浙江省无疑已经在经济上领跑全国。但与此同时也进入了社会结构调整、经济体制改革的关键时期。在这种背景下，浙江省民政工作也在根据经济社会发展的方向和需求不断进行调整、完善，以更好地服务于浙江经济社会建设的实际。

第一，工作力度不断加大。一方面，从经费保障上来看，随着浙江省经济水平的迅速提高，浙江省对于民政文化建设的经费投入不断加大，并且开辟了多类专项资金，分别用于支持教育、科研、养老、医疗等社会事业的发展。另一方面，从组织人员上来看，浙江省根据民政工作的重点部署设立相应的职能机构。比如，为了扎实推进社会救助工作，浙江省先后成立了最低生活保障处（2002年）、社会困难群众救助工作领导小组（2003年）；而在养老服务中，浙江省早在1984年就成立了浙江省老龄问题委员会。1998年又创办了浙江老年电视大学。浙江省民政厅现在下辖23个处室，除了常规的办公室、人事处、直属机关党委、计划财务处、优抚处、救灾处等外，还积极回应社会经济建设中出现的新情况，设立了社会组织管理局、基层政权和社区建设处、区划地名处、移民扶持开发处等。

第二，核心理念与发展方式的转变。我们发现，浙江省民政文化的核心理念与社会主义现代化建设的阶段要求紧密相连。具体来说，浙江省在推动新型社会福利体系的过程中，逐步实现了“核心作用由维护社会稳定向维护社会稳定与促进社会和谐并重转变；发展模式由分散发展向体系化推进转变；保障类型从‘兜底型’救济保障向发展型福利保障转变；发展取向由相对的封闭性向开放性转变”①。浙江省于2006年制订了全国首个省级社会福利发展专项规划，旨在建立一个满足不同群体不同层次需求的新型福利体系，其建设思路是“坚持救助帮扶和福利服务、公共福利与社会化公益服务、重点服务和扩大覆盖对象相结合，逐步形成集养老、医疗、教育、文化、住房、生活照料和特殊困难帮扶于一体，覆盖城乡全体居民。惠及外来人员，满足不同层次福利服务需求的制度体系”②。比如老年群体的精神文化活动、乡村图书馆建设、覆盖城乡的公共服务与公益服务。

第三，内涵不断扩展。随着经济改革和社会转型的不断推进，民政工作涉及的议题领域越来越宽、任务也越来越重，而人民群众对民政工作的期望值也越来越高，在此背景下，浙江省民政文化经历着持续扩展更新。比如，近年来浙江省民间组织和基层民主实践的发展引人注目，成为浙江省体制创新的重要推动力。与此相对应，浙江省在2006年的《民政事业“十一五”规划》中，将“社会组织管理”纳入民政工作五大体系之中；根据浙江省私营企业活跃的特点，鼓励企业家捐赠并进行表彰，将其纳入慈善文化的范畴；随着“银发时代”的到来，浙江省近年来明显加大养老服务的工作力度，提出“9732”的工作目标，即在2015年之前实现全省“97%的老人享受居家养

---

①② 哲民、中政：《浙江民政：立足民生实现新跨越》，http://kreader.cnki.net/Kreader/Catalog ViewPage.aspx?dbCode=CJFQ&filename=MIZH201006005&tablename=CJFD2010&compose=&first=1&uid=WEEvREcwSlJHSldTTGJhYlNxYkpib2FMZXM4L0kxd0loeDlNK2xrVFJnSFlkSWJ3WW82TkhSbFVDUFhDOFFjcDVRbz0=$9A4hF_YAuvQ5obgVAqNKPCYcEjKensW4IQMovwHtwkF4VYPoHbKxJw!!。

老服务；不低于3%的老人到养老机构接受服务；在所有老年人中，有不低于2%的老人直接享受政府购买的养老服务”；建设“以基本护理为重点、助养型为辅助、居养型为补充的机构养老服务模式”；加大对老年人日常生活补贴的投入力度；创新建立养老服务补贴制度，为提供养老服务的企业和机构给予财政补贴；开设老年大学、老年艺术文化周等，对老年群体的安置、抚恤、服务体系作出全面部署。

第四，工作平台的创新。浙江省民政工作中不断开拓新的试点，建设民政工作的创新和传播平台。比如慈善社区、民主试点、双拥模范城市等。通过这些平台的建设，浙江省将上层规划与来自基层的实践创新充分结合，灵活调整民政工作的内涵、重点和运作机制。

第五，工作方法的创新。为了更好地激发经济发展的活力、适应社会转型中的现实变化，浙江省在民政建设中不断调整工作方法，重新定位政府与社会的关系。最突出的表现是治理手段从管制型向沟通合作型的转变。浙江省民政工作不再单独强调政府的主导作用，开始加大力度引入企业、社会组织和社区的力量，强调各方有效参与，注重增强社会自治功能。同时，浙江省也更加注重民政工作的制度化建设，民政领域的规章条例明显增多，为浙江省民政工作的规范化和法制化打下了坚实的基础。如2001年浙江省率先出台全国首个城乡最低生活政府规章，并与民政部签订民政事业城乡一体化发展的部省合作协议；2007年，浙江省印发全国首个社会福利发展专项规划——《浙江省社会福利发展“十一五”规划》；2014年，浙江省第十二届人大常委会审议通过《浙江省社会救助条例》，颁布实施后进一步明确各级政府保障困难群众基本生活权益的法律责任。

四、浙江民政文化发展三个阶段及其特征

（一）前现代民政阶段：1949年至20世纪70年代末

1949年，浙江省人民政府民政厅正式成立，主管政权建设、人事编制、

行政区划、社会福利、救济救灾、拥军优属等工作。1955年，浙江省人民政府民政厅更名为浙江省民政厅。“文革”期间，省民政厅于1968年被撤销。1970年，成立省革命委员会生产指挥组内务局。1977年，省委决定，撤销内务局，成立省民政局和省劳动局。新中国成立至20世纪70年代末的这一阶段，省民政厅发挥的作用并不是很大，主要有两方面原因：一是社会结构原因，二是意识形态原因。

1. 社会结构原因

如前面提到的，血缘、地缘在传统中国社会保障网络中具有至关重要的作用。新中国成立以来，随着农村合作化和集体经济的建立，以地缘为基础的社会保障网络实际上得到了加强。对于城市来说，新中国成立后随着“工业化”建设的迅速展开，“单位制”成为城市社会最主要的生产形式和组织形式。“单位”集生产、生活、政治、文化、福利等功能为一体，对单位成员及其家属的生活全面负责。这是当时社会主义革命时期中国社会城乡二元结构决定的民政结构、地位和特征的体现，除了负责少数像五保对象等的特殊救助抚恤对象人口外，国家主要担负城市人口的社会福利（主要工作由各个单位承接与负责），农村人口在集体所有制制度中劳作生活，主要靠乡村集体资源和家庭资源解决个人福利。在此背景下，从社会保障角度来说，民政工作只能处于边缘和从属的地位。“民政只负责单位不负责或不能负责的两类人口，一是无单位人口（包括无家庭人口），所谓‘最可怜的人’；二是超单位人口，所谓‘最可爱的人’。民政工作被戏称为‘发发钱，拜拜年’。”①

2. 意识形态原因

1958年，“大跃进”和“人民公社化运动”，加之党的领导层对于阶级斗争过于严峻的判断，使得民政工作在曲折中进行，例如，居民委员会时而

① 衢州市民政局研究课题组：《基于“现代大民政”背景的民政文化研究——以衢州为例》，2012年。

是自治组织，时而体现为基层政权。而到了“文革”时期，居委会也变成了革命委员会，主要宣传意识形态，动员知识青年上山下乡，狠抓阶级斗争等。由于“文革”的极“左”冲击，民政厅的救灾救济、社会福利等工作几近停顿。

这两方面的要素也表现在前现代民政阶段民政文化的特征上，即总体上的辅助性和意识形态性，单位制度中的等级制低水准的管控型终身“供给制”的“保障”特征和集体所有制制度中的低“保障”。

（二）现代民政建设阶段：1980年至21世纪初

这一时期，中国经历了一个重要转折——改革开放。由计划经济体制到市场经济体制的转变，不仅影响到政治领域与经济领域，中国社会也发生了前所未有的转变。浙江省或许是最早把握住改革开放带来的机遇的地区之一，当然，相应地也面临着诸多挑战。20世纪80年代以来，浙江的民营经济迅速发展，经济发展的同时也给社会带来了一系列变化。人口流动加快，社会分化、社会问题也由此增加。民政作为直面社会保障与服务问题的事业，不得不适应社会发展的需求而转型。可以认为，这一过程是浙江建设现代民政的过程。在此期间，浙江民政事业不断调整自身角色定位，民政工作的价值理念也发生了重大转变，形成了具有自身特色的民政文化，而这又反过来影响了社会的建设与发展。

1. 亲民贴心的民政文化

进入现代民政建设时期的浙江民政事业发展发生了重大转型：从专项社会行政事务的管理者到社会建设的组织者。这一转型意味着民政工作从管理到服务的理念转变，同时表现为民政工作内容的不断细化与丰富的过程。这一转型过程逐渐形成了亲民贴心的民政文化，各个民政工作领域中的人不再只是简单的执行者，而开始积极主动走近群众，去发现民众需求，从而调整自己的工作内容。亲民贴心的民政文化的表现主要如下。

（1）老龄工作：从物质帮助到全面关怀

改革开放之初，浙江省便开始关注老年人的生存与发展状况。1984年8月11日，浙江省委、省政府决定成立浙江省老龄问题委员会（1989年12月11日改为浙江省老龄委员会，2000年10月12日又改设浙江省老龄工作委员会），由省级有关部门和群众团体、科研机构组成，负责对省内有关老龄工作的一些重大问题进行调查研究、综合规划、组织协调、督促检查，参加有关老龄问题的国际性、全国性和地区性的有关活动和各种专业会议，组织离休、退休老年知识分子参加发挥“余热”的活动，逐步开展老龄科学研究。1988年7月23日，浙江省人大常委会颁布《浙江省保护老年人合法权益若干规定》，确定每年农历九月初九（重阳节）为浙江省老人节。

自老龄工作开展以来，浙江民政对老年人的关怀从简单的物质救助逐渐延伸到物质与精神并重。1990年2月3日，浙江省老龄委员会、省民政厅、省财政厅下发通知，规定凡户口在本省城乡年满100周岁的老人，每人每月发给25元生活补助费。1993年5月23日，浙江省政府下发《关于建立农村社会养老保险制度的通知》。1995年10月13—15日，民政部在杭州召开全国农村社会养老保险工作会议，总结浙江省农村社会养老保险工作的经验。1998年6月30日，浙江省老龄委会同省人事厅、省财政厅、省总工会联合创办浙江老年电视大学。2001年3月，浙江省老龄工作委员会第二次全体会议决定设立“浙江省老年文化艺术周”，在每年的老人节期间举办群众性老年文体活动。2002年7月31日，浙江省老龄工作委员会办公室、省老年基金会组织实施为革命老区特困老人中的白内障患者免费实施复明手术，该项目延续至今。

2001年，浙江老龄工作步入了一个新的阶段。6月18日，浙江省政府印发《浙江省老龄事业发展“十五”规划》，明确提出要在“十五”期间初步形成老年社会保障体系，基本达到“老有所养、老有所医、老有所学、老有所为、老有所乐”的目标。为达到这一目标，浙江民政工作最重要的工作是推行“星光计划”项目。该项目旨在建设一大批立足社区、面向老人，小型分散、方便实用，星罗棋布、形成网络的老年福利服务设施和活动场所，建立健全社区老年福利服务体系。2001年9月11日，浙江省民政厅决定在杭州、宁波两市城区及温州市城区部分街道实施首批“星光计划”项目试点。到2004年，全省投入资金7.68亿元，建成城市社区“星光老年之家”1403个，其中，杭州市城区的全部社区实现了“星光老年之家”全覆盖。2007年3月20日，浙江省民政厅下发通知，决定在全省100个农村社区实施“农村老年福利服务星光计划”试点，率先全国实现“星光计划”由城市向农村拓展。截至2008年年初，全省建成并投入使用示范性农村社区“星光老年之家”109个，用房建筑面积7.34万平方米，共投入资金9924万元，其中省级彩票公益金资助1000多万元[①]。至2012年年底，全省已建成城市居家养老服务站以及具有居家养老服务功能的农村星光老年之家分别为3334个和18369个[②]。

浙江民政的老龄工作在这期间取得的成绩是显著的。从对部分老人的关注转变为对全体老人的关怀，从简单的物质帮助到建立起全面覆盖的老年福利服务体系，这些变化无不反映出浙江民政工作亲民贴心的一面。

（2）双拥优抚：为“最可爱的人”做最需要的事

1991年7月30日，浙江省委、省政府、省军区下发通知，决定在全省范围广泛开展创建“拥军优属、拥政爱民模范城（县）”活动，按照《浙江省双拥模范城（县）标准》执行，包括六方面内容：国防教育常抓不懈、双拥观念深入人心；组织机构健全，形成齐抓共管的局面；规章制度完善，双拥活动经常化；军（警）共建富有成效，具有良好的社会风尚；优抚政策落实，安置工作成绩明显；军政、军民互相尊重，关系融洽。这些要求也反映到了日后双拥工作具体实施的工作当中。

浙江民政中的双拥工作一直以解决部队官兵最为关切的问题为工作重点，包括官兵自身的生活与发展及其子女教育、家属就业等各个方面。1992

① 吴桂英：《统一思想 提高认识 全面实施“农村老年福利服务星光计划”》，载《浙江民政》2008 年第 2 期。

② 浙江省发改委社会处：《浙江省 2012 年老年人口和老龄事业统计公报》，http://www.zjdpc.gov.cn/art/2013/6/5/art_344_544749.html。

年2月12日，浙江省政府办公厅发出《关于进一步做好拥军优属工作的通知》，要求各级政府和有关部门妥善安置部队干部随军家属；抓紧解决地方和军队之间有争议的问题；继续支持部队发展农副业生产和军办企业；切实解决军队干部子女入学和未随军的现役军官、志愿兵家属的住房困难；重申不准向部队摊派钱物和控制向部队募捐；协助管理好军事禁区和军事管理区；继续办好军用饮食供应站。1993年6月29日，浙江省政府办公厅印发《关于帮助驻浙部队加快发展经济的通知》，提出了帮助驻浙部队发展生产经营的10条优惠政策，同时还决定省级部门挂钩扶持部队的骨干企业，从信息、技术、供销等多方面进行帮助。1995年3月，浙江省教委下发《关于做好现役军人子女入学工作的通知》，要求各级教育主管部门，主动关心所在地部门现役军人子女的入学问题，保证随军落户后的现役军人子女就近进入当地小学、初中就读，户口不在驻地的也积极安排他们就读，并不得收取国家规定以外的费用。对非义务教育的学校，在招生录取的过程中，对现役军人子女在同等条件下予以优先照顾。1997年7月，浙江省政府办公厅转发《省劳动厅等单位关于解决部队随军家属就业问题若干意见的通知》，规定在原籍有工作的部队家属随军后，可对口调入驻地同行业单位，驻地单位无特殊理由不得拒绝；不得安排随军家属下岗，企业因破产、停产等原因致使部队随军家属下岗的，企业主管部门应负责在本系统内调剂，妥善安置。同时在税收、用工、技能培训等方面给予优惠政策。1998年6月20日，浙江省政府下发《关于支持驻浙部队搞好“菜篮子”工程建设的通知》，要求各级政府及有关部门把支持驻浙部队“菜篮子”工程建设作为一项拥军的实事和创建双拥模范城（县）的重要内容，同时在土地征用或租用、物资供应、科技支持、剩余农副产品销售等方面给予支持和照顾。1998年8月21日，省政府印发《浙江省拥军优属若干规定》，这是浙江省出台的第一个关于拥军优属工作的综合性政策文件，是对以往拥军政策的整理归纳和补充修改。1999年9月，省委办公厅、省政府办公厅下发《关于广泛开展科技拥军活动的通知》，要求各地广泛开展科技拥军活动，切实帮助部队解决科技练兵中的实际问题，帮助部队培养适应现代化战争需要的高素质科技人才。双拥工作的发展也经历了一个服务覆盖对象不断增加、服务内容不断丰富的过程。

浙江民政一直重视优抚安置工作，其发展的总体特征也是对象增加、内容丰富。改革开放以来，浙江逐步建立起优抚对象社会优待体系。1979年11月，根据民政部《关于改进优抚对象定期定量补助工作的规定》，浙江省规定享受定期定量补助的对象为：孤老烈士家属和孤老病故军人、失踪军人家属；没有亲属抚养或虽有亲属而无力抚养的烈士、病故、失踪军人的未成年子女；丧失劳动能力而子女又无力供养的烈士、病故、失踪军人的父母和配偶；带病回乡不能参加生产劳动，生活特别困难的复员军人，补助的标准为：农村每人每月补助6—10元，城镇每人每月补助10—15元，杭州、宁波、温州三市每人每月补助15—20元。同时规定对革命老根据地和穷队穷村要适当照顾；对孤老烈属、烈士遗孤和抗日战争时期入伍军龄较长、贡献较大的复员军人的补助标准在不超过规定的标准内适当优厚。此后，抚恤对象一直在增加。1985年1月，根据民政部、财政部《关于对革命烈士家属、因公牺牲家属、病故军人家属发给定期抚恤金的通知》，浙江省革命烈士家属、因公牺牲家属、病故军人家属的定期定量补助改为定期抚恤金，并对标准进行逐步适当的调整。1986年4月16日，根据民政部、财政部《关于进一步做好定期定量补助工作切实解决在乡复员军人生活困难的通知》，将复员军人享受定期定量的补助面由1985年的19%提高到44%，同时要求各地有步骤、有重点地解决在乡复员军人的生活困难，继续搞好群众优待。1987年11月，根据民政部、财政部《关于妥善解决“红军失散人员”生活困难问题的通知》，浙江省对确认属“红军失散人员”的。发给定期定量补助。2012年3月19日，浙江省民政厅、浙江省财政厅下发《关于落实给部分烈士子女发放定期生活补助政策的通知》，决定自2011年7月1日起，给部分烈士子女（指居住在农村和城镇无工作单位、18周岁之前没有享受过定期抚恤待遇且年满60周岁的烈士子女，含新中国成立前错杀后被平反人员的子女）发放定期生活补助。

安置内容方面的发展主要在就业与医疗。1989年，浙江开始探索改革开放新形势下安置工作的新途径、新办法，军地两用人才培养和开发使用工作从无到有。1992年后逐步建立了安置保障金制度。1999年冬季开始，浙江省委、省政府提出“三年三步走”的退役士兵安置改革，以市场为导向，以自觉自愿为原则，将自谋职业、安排就业和自主创业相结合，出台配套鼓励政策和优惠措施，引导帮助退役士兵实现自谋职业。之后，全省城镇退役士兵自谋职业率连续多年保持在95%以上。在此基础上，从2004年开始，浙江省又在全国率先探索农村退役士兵安置新途径，推动退役士兵安置工作向城乡一体化的方向发展。医疗方面，2002年，浙江省富阳市开始探索试点优抚对象医疗补助制度，实行了以财政投入为主，采取分类别、定起点、上封顶的在乡重点优抚对象医疗补助办法，明确了对患大病、重病和慢性病的医疗费开支过大的重点优抚对象进行医疗补助。浙江省在此基础上初步建立起四种补助模式。2005年12月，浙江省民政厅、财政厅、劳动和社会保障厅联合下发《关于将全省红军失散人员、在乡抗战老战士纳入基本医疗保险管理范围的意见》，要求将以上人员由医疗保险经办机构（或社会保险经办机构）按照属地原则分别纳入当地基本医疗保险管理范围。2006年11月，新颁布的《浙江省军人抚恤优待办法》对各类重点优抚对象的医疗保障作出具体规定：残疾军人、在乡复员军人（含红军失散人员）、带病回乡退伍军人等，以及享受国家抚恤和生活补助的烈士遗属、因公牺牲军人遗属、病故军人遗属等按照属地原则纳入城镇职工基本医疗保险、新型农村合作医疗和城乡医疗救助体系。其中，纳入新型农村合作医疗范围的，住院费用按规定报销后，剩余部分再享受50%—80%的优抚对象医疗补助，门诊医疗费用按不低于其抚恤补助标准的10%补助包干使用。

全面建立重点优抚对象优抚标准自然增长机制则是浙江民政工作的又一重要成果。1995年5月，浙江省政府发出《关于进一步加强优抚安置工作的通知》，提出了重点优抚对象自然增长机制的基本原则，要求各地逐步建立抚恤、补助、优待标准与群众生活水平同步提高的自然增长机制，同时，确定以当地农民人均收入为参照基数，“三属”和伤残人员年抚恤补助优待标准达到或高于基数，享受定期补助的红军失散人员、复员军人、带病回乡退伍军人年抚恤补助优待标准达到或超过基数的70%，并随当地人员生活水平的提高逐步调整。2004年9月29日，浙江省民政厅和财政厅联合下发《关于规范建立在乡重点优抚对象优抚标准自然增长机制的通知》，决定在全省建立规范的在乡重点优抚对象优抚标准自然增长机制，并规定以县（市、区）为单位建立，以当地年度职工平均工资和农村军民人均纯收入为参照，进行适时调整。截至2005年年底，全省各地已基本建立了与当地社会经济发展水平相适应的抚恤补助优待标准自然增长机制。这一机制的建立使得优抚工作能够满足不同地区不同对象的多样需求，这也是浙江民政亲民贴心的表现。

2. 开放包容的民政文化

从计划经济到市场经济的转变，不只是对社会产生了深远影响，同时也要求政府部门工作方式相应发生转变。面对日益复杂的社会形势，政府已不能以“全能者”自居，民政工作也一样。面对市场经济发展最为活跃的地方之一的浙江，浙江民政工作机制逐渐开放，从政府包揽向政府主导、社会协同、公众参与转变。此外，浙江民政工作对象从原先针对特定群体，逐渐发展到面向全体城乡居民；民政工作的核心内容也放开为从兜底保障向保障和改善全体人民生活并重转变。浙江民政人逐渐意识到，开放包容的观念与心态对于发展民政事业的重要性，这也成为浙江民政文化的重要内容。

（1）从政府包揽向政府主导、社会协同、公众参与转变

作为改革开放的先导之一，社会力量的成长在浙江尤为明显。浙江民政也较早意识到了社会力量的潜力，并积极探索在民政事业发展过程中引入社会力量。

浙江民政在慈善方面的探索开始于对社会福利有奖募捐相关工作的尝试。1987年7月，浙江省政府办公厅转发省民政厅《关于开展社会福利有奖募捐活动有关事项的报告》；次年3月，浙江省正式成立社会福利有奖募捐委员会，委员会设于省民政厅。1994年8月，嘉兴市慈善总会成立，这标志着浙江

省慈善事业正式起步。1998年3月11—16日，全国“社会福利社会化”工作座谈会在温州召开，会议部署了“社会福利社会化”试点工作，研究了“社会福利社会化”的主要内容和发展规划。4月23日，浙江省政府下发《关于加快社会福利事业发展的通知》，要求改革创新传统社会福利模式，大力推进社会福利社会化。1999年1月9—11日，温州市成功销售1.5亿元赈灾专项和常规福利彩票，其中第一天销售了1.2亿元，创造了中国福利彩票销售史上规模最大、日销量最高的纪录。9月，浙江省办公厅下发《关于切实做好“爱心献功臣”福利彩票发行工作的通知》，决定从10月起，由民政部门负责，在全省范围内发行以“爱心献功臣”为主题的“浙江风采”福利彩票，帮助解决重点优抚对象生活难、医疗难、住房难问题。2005年5月29日，浙江省首家“中福在线”即开票销售大厅在温州市开业，设投注终端机30台。2007年，浙江省销售福利彩票44.46亿元，总量跃居全国第四位，被民政部评为“组织工作特等奖”“销售总量特等奖”“销售进步特等奖”和“人均销售三等奖”。

浙江慈善事业发展取得一系列成绩的同时，也注重对社会慈善文化的培育，主要以奖励的方式实现。2003年10月，浙江省慈善总会、省残疾人联合会、省红十字会、省青少年发展基金会、浙江日报报业集团、浙江广电集团及宁波华液机器制造有限公司联合组织“华液杯”浙江省首届“十大慈善之星”评选活动。2006年12月12日，首届浙江慈善大会在杭州召开，时任省委书记习近平等省党政军主要领导出席会议。会上省政府表彰了获得2006年“浙江慈善奖”的50名个人、30家机构以及20个慈善项目。2008年2月20日，由浙江省慈善总会、浙江日报报业集团、浙江广播电视集团、浙江在线新闻网站共同组织的浙江省第二届“十大慈善之星”评选结果揭晓，王岳成等10人当选。

社会力量崛起的另一个重要表现是非政府组织的不断涌现及其在社会生活中发挥着越来越重要的作用，而社会团体的发展与社会自治能力建设的需要相结合。规范这些组织的行为与发展成为浙江民政工作的重要内容。1988年，浙江省人大常委会制定了《浙江省实施〈中华人民共和国村民委员会组织法〉办法》和《浙江省村民委员会选举办法》，在全省普遍推行了村民委员会这一基层自治组织形式。1990年1月，浙江省机构编制委员会批复，同意省民政厅设立社团登记管理处，适应了省内社会团体发展与管理的需要。1997年8月，浙江省委办公厅、省政府办公厅印发《关于切实加强社会团体管理工作的通知》，明确要清理非法社会团体，查处违法违纪社会团体，依法查处或取缔非法社会团体和政治方向、重大活动及财务活动管理等方面有严重违法违纪行为的社会团体，规范社会团体行为。2002年2月，浙江省民政厅、省高等教育自学考试委员会联合印发《关于开考社会工作与管理（本、专科段）专业实行专业证书和岗位证书考试的通知》，决定开考社会工作与管理专业，并同时实行社会工作与管理大专专业证书和岗位证书考试。2004年1月，浙江省民政厅下发《关于开展民办非企业单位"诚信服务，真情回报社会"主题活动的通知》，在全国率先开展民办非企业单位诚信建设活动。2006年9月，浙江省政府印发《关于推进行业协会改革与发展的若干意见》，提出争取用5年左右的时间，初步形成适应浙江省产业特点和企业发展需要，布局合理、覆盖面广、功能完备的行业协会结构体系；初步形成符合社会主义市场经济规律和国家惯例的行业协会的组建、发展、运作和退出机制；初步形成保障行业协会健康有序发展的法律规范和管理体制。2007年1月，浙江省发改委、省民政厅联合下发《浙江省行业协会与行政机关脱钩的实施意见》，规定在民政部门登记的各类行业性社会团体（包括生产、流通及其他服务行业的行业协会），凡与行政机关合署办公的、与行政机关会计合账的、现职行政机关工作人员兼任行业协会职务的，都应实行机构分设、人员分离、财务分开、职能分开。到10月底，全省1346个应脱钩的行业协会全部完成脱钩。随着这些规范性措施的实施，社会组织发展逐渐步入良性发展轨道，同时其也在各个社会服务领域发挥着越来越重要的作用，特别是在后期，社区作为社会服务的重要载体在浙江逐渐发展起来，社会工作者、社会组织的力量拥有了更大的舞台。

老年福利服务供给是社会福利体系建设的主要内容，而养老服务社会化则是老年福利服务发展的主要方向。2005年6月20日，杭州市上城区、杭州市下城区、宁波市镇海区、温州市鹿城区被民政部确定为首批全国养老服务社会化示范活动试点单位。2006年5月23日，浙江省政府办公厅下发《关于促进养老服务业发展的通知》，提出逐步建立和完善以居家养老为基础、社区服务为依托、机构养老为辅助、各类养老机构协调发展、多种养老方式相互补充的养老服务体系。社会力量介入养老领域是养老服务普遍化、专业化的需要。浙江省在社会养老服务体系建设方面所取得的成绩十分突出。2012年浙江为老服务、居家养老网络建设基本完善，全省共有各类养老机构1969家，养老床位数24.7万张（其中护理型床位7.1万张），百名老人拥有养老床位2.89张；其中民办养老机构878家，床位11.5万张，民办养老床位占总床位的46.5%。全省已建市、县（市、区）养老服务指导中心101个（其中符合“六有”要求的76个），乡镇（街道）养老服务中心1191个，社区居家养老服务照料中心1508个，城市居家养老服务站和具有居家养老服务功能的农村“星光老年之家”分别达3334个和18369个，日间照料及托老床位3.45万张，专职护理人员10770名；建有老年食堂1754个；建立居家养老志愿者服务队伍16584支，参与志愿者36.65万人。居家养老覆盖的老年人数达到620万人，其中享受政府购买居家养老服务的老年人达到12.8万人，各级政府补贴总额达1.33亿元[①]。

（2）从针对特定群体到面向全体城乡居民的转变

“城乡一体化”是浙江民政事业的一个重要特色。从改革开放之初，浙江民政工作一直将农村作为关注重点。进入21世纪以来，浙江民政工作就开始在各个领域探索城乡一体化道路。

1996年起，浙江省便开始建设城乡一体的最低保障制度。2001年8月11日，浙江省政府颁布《浙江省最低生活保障办法》。该办法是全国首部省级

① 浙江省发改委社会处：《浙江省2012年老年人口和老龄事业统计公报》，http://www.zjdpc.gov.cn/art/2013/6/5/art_344_544749.html。

城乡一体的最低生活保障办法。2003年1月3日，浙江省政府决定，成立浙江省社会困难群众救助工作领导小组，习近平任组长，领导小组办公室设在省民政厅；8月28日，浙江省政府法制办公室、省民政厅联合下发《关于建立城乡低保对象参加公益性社会服务制度的通知》；9月11日，浙江省政府下发《关于加快建立覆盖城乡的新型社会救助体系的通知》，明确加快构建以最低生活保障为基础，以养老、医疗、教育、住房等专项救助为辅助，以其他救助、救济和社会帮扶为补充，逐步形成城乡一体化、组织网络化、管理社会化、保障法制化、与经济社会发展水平相适应的覆盖城乡的新型社会救助体系建设目标。2004年2月28日，《人民日报》头版头条刊登《谋求社会公平 确保百姓康宁——浙江建设城乡新型社会救助体系》一文，介绍浙江省新型社会救助体系建设情况；9月3日，浙江省政府下发《关于加快建立和完善医疗救助制度的通知》，城乡统筹的医疗救助制度全面启动；到2005年9月，全省所有县（市、区）建立了比较规范的医疗救助制度；12月17日，浙江省政府下发《关于对困难群众实行基本生活消费品价格上涨动态补贴的意见》，正式建立困难群众物价补贴机制。2005年12月21日，浙江省深化新型社会救助体系建设工作会议在杭州召开，民政部部长李学举、浙江省省长吕祖善出席会议并讲话。这个救助体系着眼于构筑长效机制，建立“以最低生活保障制度为基础，以养老、医疗、教育、住房、司法等专项救助为辅助，以社会互助为补充，城乡一体化、保障法制化的新型社会救助制度”。2007年4月29日，浙江省民政厅、省发改委印发全国第一个社会福利发展专项规划——《浙江省社会福利发展“十一五”规划》，提出要发展完善以老年人为主体，涵盖孤儿、重点优抚对象、残疾人以及其他困难群众的福利项目，努力形成政府主导，部门协作，社会参与，法制保障，机构福利服务、公共福利服务与公益服务相结合，覆盖城乡的新型社会福利体系。2007年3月20日，浙江省民政厅下发通知，决定在全省100个农村社区实施“农村老年福利服务星光计划”试点，率先在全国实现“星光计划”由城市向农村拓展。2008年11月7日，浙江省农村社区建设工作会议在杭州召开。浙江省委书记、省人大常委会主任赵洪祝专门作出批示。省委副书记夏宝龙出席会议并讲话，他指出，加强农村社区建设，是推进社会主义新农村建设、形成城乡一体化发展新格局的重要举措。2010年11月23日，民政部与浙江省人民政府签署《共同建设民政工作城乡一体化创新示范区合作协议》，共同推进部省共建全国民政工作城乡一体化创新示范区，促进浙江经济社会又好又快发展，加快民政工作城乡一体化进程。

（3）从兜底保障向保障和改善全体人民生活并重转变

随着浙江经济的迅速发展，浙江人民生活水平的相应提高，民众对社会保障水平的要求也发生着转变。显然，原本只用于兜底的和补缺的社会保障体系已不能满足民众的需求，浙江民政工作思维急需转变方式，解放思想。从新型社会救助体系的建设进一步上升到适度普惠的新型福利体系建设，是浙江民政工作进行的积极探索。这一探索过程也反映出浙江民政文化开放与包容的一面。

1996年1月31日，浙江省民政厅印发《浙江省民政事业“九五”规划和2010年远景目标》，提出今后5年民政工作的发展目标是基本建立农村社会养老保险、灾害救助、社会福利救济、优抚安置和社会事务管理五个体系，2010年民政事业发展的战略目标是健全完善较高水平的社会保障体系，逐步建立科学化、民主化的基层管理制度，有效实施社会行政管理，拓宽社会公益服务，营造健康、科学、文明的社会环境。2003年9月11日，浙江省政府下发《关于加快建立覆盖城乡的新型社会救助体系的通知》，明确加快构建以最低生活保障为基础，以养老、医疗、教育、住房等专项救助为辅助，以其他救助、救济和社会帮扶为补充，逐步形成城乡一体化、组织网络化、管理社会化、保障法制化、与经济社会发展水平相适应的覆盖城乡的新型社会救助体系建设目标。

2006年11月13日，浙江省政府下发《关于开展政策性农村住房保险工作的通知》，明确房屋倒塌的界定标准和裁定办法由省民政厅制定。12月7日，浙江省民政厅、省发改委印发《浙江省民政事业发展“十一五”规划》，提出要进一步完善新型社会救助体系、新型社会福利体系、社会组织管理体系、双拥优抚安置体系和公共事务管理体系等五大体系，提高民政事业整体水平。2007年4月29日，浙江省民政厅、省发改委印发全国第一个社会福利发展专项规划——《浙江省社会福利发展“十一五”规划》，提出要发展完善以老年人为主体，涵盖孤儿、重点优抚对象、残疾人以及其他困难群众的福利项目，努力形成政府主导，部门协作，社会参与，法制保障，机构福利服务、公共福利服务与公益服务相结合，覆盖城乡的新型社会福利体系。

3. 创新进取的民政文化

创新是一个组织发展的根本动力来源。社会状况的复杂多变要求民政系统具有一定创造性，能及时适应社会形势，解决社会问题；而民政工作在社会建设中的重要性则更要求民政系统必须是创新进取的。显然，浙江民政人在建设现代民政的过程中深刻认识到了这一点，这表现在他们在工作中越发积极活跃的创造力上。此外，创新也是一种态度，一种勇于接纳新生事物的态度。浙江民政文化中创新进取的一面主要体现如下。

（1）基层社会管理创新

浙江是全国基层自治最有活力的地区之一，培育基层社会的自治能力、促进发展基层民主一直是浙江民政社会管理工作的重要内容。1988年11月，浙江省人大常委会通过《浙江省实施〈中华人民共和国村民委员会组织法（试行）〉办法》，浙江成为全国第二个颁布实施办法的省份。1999年10月，省人大常委会公布《浙江省实施〈中华人民共和国村民委员会组织法〉办法》和《浙江省村民委员会选举办法》。2005年3月，浙江省委、省政府决定，成立省村务公开和民主管理工作领导小组，办公室设在省民政厅。6月，省委办公厅、省政府办公厅下发《关于进一步健全完善村务公开和民主管理制度的通知》，提出村务公开民主管理“三个三”目标任务。即切实做到村务公开的内容、形式和程序“三个到位”；重点加强村民代表会议、村务公开监督小组、民主理财小组“三个组织”建设；重点推进民政议事协商、集体财务审计监督、民主评议村干部的“三项制度”建设和创新。2007年，宁波在第七届社区委员会换届选举工作中，积极探索，大胆实践，对城市社区居民委员会全面推行直接选举，自此，宁波市成为全国首个全面完成城市社区居民委员会直选的城市。这种对基层社会管理创新的支持态度，也取得了一系列成果，获得了他人的肯定。2009年4月，象山县决定在西周镇集中试行“村民说事”制度，以此作为深化“基层基础提升年”活动的一个重要抓手，该制度日后逐步向全县推广。说事会在宣传贯彻落实国家法律政策、沟通党群干群关系、化解农村社会矛盾、促进新农村建设等方面，发挥了明显的作用。2004年3月24日，温岭市“民主恳谈”项目获第二届“中国地方政府创新奖”优胜奖。2005年3月，杭州市余杭区塘栖镇唐家埭村在村民委员会换届选举中，实行“自荐海选”选举方式，在全国农村基层民主选举中首开先河，开创了基层民主选举方式的新阶段。2007年6月，全国村务公开协调小组通报表彰村务公开、民主管理制度创新和理论创新评选结果，浙江省武义县的“村务监督委员会制度”获得制度创新奖，温岭市“村民民主恳谈制度”和杭州市江干区“村（社）股份制财务会计集中办公制度”获制度创新提名奖。

（2）社会管理与服务的载体创新

自改革开放后单位制解体以来，中国社会管理急需新的载体，社区由此脱颖而出。2001年4月，浙江省委办公厅、省政府办公厅下发《关于进一步加强城市社区建设的意见》。2006年8月，浙江省民政厅下发《关于开展农村新社区建设试点工作的通知》。当年，全省11个县（市、区）的46个村开展了农村社区建设试点工作。2007年，全省18个县（市、区）被民政部确定为“全国农村社区建设实验县（市、区）”。2007年4月，省委、省政府下发《关于推进和谐社区建设的意见》。同月省政府下发《关于进一步加强社区服务工作的实施意见》，全省开始和谐社区创建活动。省民政厅和浙江广电集团联合组织开展了“全省十佳和谐社区”“十佳社区服务项目”和“十佳社区工作者”等社区建设三个“十佳”评选活动，并于12月举行了隆重颁奖晚会。2007年7月，胡锦涛总书记到杭州市下城区王马社区视察工作，支持要充分发挥社区党组织的作用，加强社区干部队伍和社区志愿者队伍建设，把服务群众、造福居民作为工作的出发点和落脚点，多为群众办好事、办实事。2007年10月，浙江省民政厅、省发改委印发《浙江省“十一五”社区服务体系发展规划》，提出要基本建立与经济社会相适应，与新型城市化、新农村建设相融合，覆盖社区全体居民，服务门类齐全，设施配套，功能完善的社区服务网络。2008年11月6日，省委书记赵洪祝对浙江省农村社区建设工作作出重要批示，要求各级党委、政府要高度重视农村社区建设，按照“群众自治、管理有序、设施配套、服务完善、生态和谐、文明祥和”的总体目标，认真总结经验，不断探索实践，整体推进农村社区的生态环境、基础设施、社会事业、公共服务、精神文明和基层民主政治建设，全面推动农村经济社会和谐发展，努力开创社会主义新农村建设崭新局面。11月7日，浙江省农村社区建设工作会议在杭州召开，这标志着浙江省农村社区建设由试点试验阶段转向全面推进阶段。

浙江社区建设的创新之处在于，不同地区都在积极探索个性化的社区建设模式，以创新促进浙江社区建设的迅速发展。宁波市北仑区创新社区治理机制，以党建为龙头、政府为引导、各类社会组织为载体，引导居民参与社区建设，体现了社区自治的方向，改变了过去通过社区实现政府行政权力下移的做法，成效显著。被誉为社区建设的“北仑模式”。杭州市拱墅区在和谐社区建设过程中不断创新，在全国首创了“一岗解两难”助老助残服务、“一倾斜四延伸”全覆盖救助、社区失业预警干预和“零遗漏、全方位”居家养老综合服务四大服务品牌，和谐社区建设成效显著。宁波市镇海区招宝山街道自2007年起开始探索社区服务项目化管理模式，着力解决多元化、个性化社会需求和问题，初步形成了政府支持、社区运作、社会参与、需求导向的基层合作治理社会公共服务的新模式。2009年1月以来，杭州市上城区紫阳街道整合社区各方资源，在上羊市街和凤凰两个社区率先开展社区自治复合主体试点工作，不断建立健全社区居民委员会、社区议事协商委员会等自治组织，完善社区居民会议、社区居民代表会议制度，有效推动了社区建设主体向社会复合主体的转变。舟山市普陀区勾山街道于2009年4月开始，根据上级党委、政府的统一部署，街道按照“网格化定位、组团式联系、多元化服务、信息化管理、全范围覆盖”的要求，全面推行“网格化管理，组团式服务”工作，推进基层管理服务水平的提升。

在现代民政建设阶段，浙江逐渐形成了“亲民贴心、开放包容、创新进取”的民政文化，同时也基本建成和完善了由新型社会救助体系、新型社会福利体系、社会组织管理体系、双拥优抚安置体系和公共事务管理体系五大体系构成的现代民政体系。作为意识、观念形态的精神文化，其形成必然受制于物质文化和制度文化，而精神文化一旦形成，其又将反过来作用于物质文化与制度文化的建设。浙江在现代民政建设过程中形成的重要成果——民政文化，将为后来浙江建设现代大民政打下基础。

（三）现代大民政：2012年浙江省提出建设“现代大民政”

2012年4月12日，浙江民政厅厅长尚清在省民政厅召开的学习贯彻全国第十三次民政会议精神领导干部大会上指出，浙江民政工作要确立从传统民政向“现代大民政”转变的新目标。所谓“现代大民政”，相对于传统民政而言，更加具有顺应时代性、开拓创新性、开放包容性等特征。“现代大民政”相对于传统民政工作格局而言，既是工作理念又是工作方法的创新，是指在党委政府领导下，探索建立与“大民生”“大社保”要求相适应的体制机制，统筹推进民政事业发展，统筹考虑民生问题的整体解决。“确立建设‘现代大民政’目标，必须落实到真心实意、为民服务各项工作中去，必须加快建设‘贴心民政’‘法治民政’和‘阳光民政’。”①2012年5月21日，浙江省

① 尚清：《探索构建浙江“现代大民政”打造“贴心民政”“法治民政”“阳光民政”——在省民政厅领导干部大会上的讲话》，载《浙江民政》2012年第6期。

召开第十七次全省民政会议，会议下发了《浙江省人民政府关于进一步加强民政工作加快推进民政事业城乡一体化的意见》，省委、省政府也在此正式提出构建“现代大民政”的战略要求。浙江省委书记赵洪祝在会上强调，建设现代大民政，“一要体现‘为民’特点，坚持以民为本、为民解困、为民服务。二要体现‘现代’特点，发展理念要具有时代性，工作决策要体现科学性，基础保障要实现现代化。三要体现‘大’的特点，拓展‘大服务’，实现由保底型保障向发展型保障转变；建设‘大格局’，实现由参与社会建设向在社会建设中发挥骨干作用转变；建立‘大平台’，实现由部门动员向社会动员转变。重点要加快建立全覆盖、多层次、均等化的民生保障新格局；加快建立政府主导有力、社会参与有序的社会管理服务新体制；加快建立创新社会管理和公共服务的新平台；加快建立适应大民政发展的民政工作新机制”[①]。在8月14日的浙江省民政厅党组理论中心组学习扩大会上，民政厅厅长尚清又进一步指出，“现代大民政”具有三个要素，即为民、创新和拓展；包含五方面的内容：坚持科学发展的第一要务、恪守以民为本的核心理念、展现改革创新的时代精神、拓展社会服务的广阔平台、弘扬“贴心、向善”的民政文化。要以“贴心民政、法治民政、阳光民政”建设为载体，大力推进“现代大民政”建设，并重点推进社会养老服务体系建设、社区建设和社会组织建设三方面工作。

在此，“现代大民政”主要内容已基本清楚：其核心理念是为民；基本框架是构建和完善适度普惠的社会大福利格局、城乡一体的社会大救助格局、民政基层社会管理的大协同格局、军地军民发展的大融合格局、优质高效的社会大服务格局；其实现的基本途径是建设贴心民政、法治民政和阳光民政。如何建设和实现贴心民政、法治民政和阳光民政，成为公正工作体系由现代民政转变为现代大民政的关键。各地民政部门也开始积极进行贴心民

① 赵洪祝：《加快建设现代大民政格局 充分发挥民政在社会建设中的骨干作用——在第十七次全省民政会议上的讲话》，载《浙江民政》2012年第6期。

政、法治民政和阳光民政的理论探讨与实际建设问题的探索。新一轮的民政建设工作必将影响民政文化的发展，同时我们也必须看到，“现代大民政”建设的进程也需要一定的民政文化予以引导和支持。“贴心向善”的民政文化是建设贴心民政、法治民政和阳光民政的核心文化理念，但要真正实现贴心民政、法治民政和阳光民政，进而建成“现代大民政”，又需要其他民政文化要素予以支持。因此，浙江在努力建设“现代大民政”的过程中，不能忽视民政文化建设。可以明确的是，浙江民政文化建设未来的发展方向必然要服务于贴心民政、法治民政和阳光民政的实现。

五、小结

总而言之，自新中国成立以来，浙江省民政事业发展呈现出明显的阶段性特征，从前现代民政时期的边缘和从属性工作，到现代民政建设时期的迅速发展，再到“现代大民政”时期的社会建设骨干，民政工作在内容和功能上不断演进，在此过程中也形成了既符合国家民政发展要求，又具有鲜明浙江特色的民政文化。而浙江民政事业发展的动力，一方面来自于国家政策的引导，另一方面则来自于改革开放所激活的浙江民间力量。

民政作为“为民之政”，其核心必然是“以民为本”。显然浙江民政事业发展准确地抓住了要点，通过积极发展民众需求，并基于此不断丰富与细化民政工作内容来满足这些需求，最终形成了亲民贴心的趋于专业行业性的民政文化。民政作为“为民之政”，准确感知社会发展趋势并及时调整自身定位也非常重要。作为身在率先开放地区之一的浙江民政人，也拥有这样的敏感性，一步步开放民政事业的工作机制、工作对象、工作内容，逐渐形成了开放包容的民政文化。民政作为“为民之政”，在直面社会的复杂形势之时也要能够灵活应对。在此，创造力成为衡量一个民政系统的重要标准。浙江在基层社会管理机制以及社区建设方面的创新集中体现了浙江民政工作的创新进取精神。以上三个方面构成了浙江现代民政发展时期的主要民政文化内容，这些也成为之后现代大民政建设的重要文化基础。

在探索建设“现代大民政”的新时期，民政事业发展的新目标要求浙江民政文化的内涵进一步丰富。在建设和实现贴心民政、法治民政和阳光民政道路上，需求怎样的民政文化因素，最终又将形成怎样的民政文化，这些都值得思考、探索与期待。

第三章
大民政的实践与浙江民政文化理念的凝练

一、现代民政建设的创新契机

浙江省先行探索社会主义市场经济体制建设，民营经济蓬勃发展，基层创业创新活力旺盛，城乡发展相对均衡，同时，外来人员不断增多，人口老龄化明显提速，城乡社区建设统筹推进。按照全国民政事业的统一部署，浙江探索形成了符合民政工作规律，具有自身特色的发展新路子。新阶段民政工作的新定位，又为启动浙江民政新一轮的转型发展创造了新契机[①]。

（一）经济社会发展阶段：从全面小康社会到基本实现“两富”现代化

2012年，浙江省GDP达到3.46万亿元，人均超过1万美元；全省城镇居民人均可支配收入34550元，农村居民人均纯收入 14552元。这是浙江发展跨入了现代化、开启了新阶段的一个重要标志。其间，社会保障实现制度全覆盖，城乡基本公共服务均等化全面推进，城乡居民收入差距逐步缩小，生活品质明显改善。浙江省委第十三次党代会指出，浙江已基本建成全面小康社

① 尚清：《浙江现代大民政的实践与思考》，“民政部·2013年民政论坛”，http://mzzt.mca.gov.cn/article/mzlt2013/dxfy/201307/20130700486641.shtml（2015年2月1日上网）。

会，开始迈进物质富裕、精神富有现代化的新阶段，要更加强调共建共享，更加强调社会和谐，更加强调物的现代化与人的现代化有机统一，切实增强全省人民的发展自豪感、生活幸福感、心灵归属感、社会认同感。民政是民本之政、民生之政、民权之政，是全面改善民生和创新社会管理的重要抓手。建设物质富裕精神富有的现代化浙江的任务目标，为实现民政的转型发展预设了改革空间，明确了具体任务。

（二）民政发展转型导向：从专项社会行政事务管理到社会建设骨干

对比“专项社会行政事务管理”职能，当今的民政职能不断拓展，涉及政治、经济、文化、社会和生态文明各领域；民政服务对象已从特定群体向全体城乡居民覆盖；民政功能从兜底保障向保障和改善全体人民生活并重转变；民政工作布局从以农村为主向城乡并重转变；民政管理服务方式从临时性、分散性、应急性布置，向整体性制度安排、规范化、标准化、专业化管理服务转变；民政工作机制从政府包揽向政府主导、社会协同、公众参与转变。第十三次全国民政会议提出，发挥民政在社会建设中的骨干作用，具体要在保障和改善民生方面发挥保底作用，在加强和创新社会管理方面发挥基础作用，在国防和军队建设方面发挥支持作用，在提供和强化社会服务方面发挥支撑作用。“一统四分”的民政新定位，指明了民政转型发展的新方向，锁定了改革创新的新目标。

（三）民政事业改革路径：从“五大体系”到现代大民政

任何的改革创新，既要直面当前的形势任务，又接轨于既定的发展路径。浙江民政事业改革从20世纪90年代初起步，通过整合工作，建立社会福利、灾害救助、优抚安置、农村养老保险、专项社会事务“五大体系”，形成集约化制度创新机制，实现了民政事业快速发展。此后，又相继实施了“民政事业现代化”“五大平台”等部署，积累并形成了有浙江特色的基本经验。一是城乡统筹、均衡布局，坚持各项工作城乡统一部署，标准有别，均衡发展，最终实现城乡一体；二是体系整合、集约创制，既注重制度整体设计，又紧扣党委政府关心、群众关切、社会关注的重点、热点问题，重点突破，整体带动；三是政府主导、市场配置，牢牢把握民政是政府基本职能的定位，强化政府法定责任，充分发挥浙江市场配置资源优势，带动社会参与范围的持续扩大；四是强化基层、激发活力，坚持把尊重群众主体地位、民间智慧、基层首创作为改革创新的源头活水，健全基层民主治理机制，拓宽社会参与渠道，推广基层创新经验，始终保持改革创新的旺盛活力。

基于全面总结多年来浙江民政创新经验的总结提炼，接轨快速发展的改革路径，浙江围绕充分发挥民政在社会建设中骨干作用的新定位，适时提出了实施“现代大民政”的战略建议，经过学界研讨论证，民政系统讨论完善，基层探索实践。浙江省委、省政府在第十七次全省民政会议上确立了现代大民政战略，即要加快实现从传统民政向现代大民政的转型，构建完善、适度、普惠的社会大福利格局、城乡一体的社会大救助格局、民政基层社会管理的大协同格局、军地军民发展的大融合格局、优质高效的社会大服务格局。

二、大民政实践下现代民政核心价值观的讨论

根据现代学理论，现代民政的探索将至少涉及两个维度：一是民政的现代化，主要包括民政各具体业务领域的制度现代化、设施现代化以及方法与手段的现代化等；二是民政的现代性，主要包括民政现代化过程中所追求的宗旨意识、价值观和意义属性等，它是现代民政的灵魂。上海市尽管自2006年就提出探索现代民政，在若干领域也取得了一些进展，但在具体实践中仍有不少困惑。其中，最重要的是体现在民政现代化过程中的核心价值观问题。因此，开展关于价值观的讨论，实际上已经成为探索现代民政的重要组成部分，它对于把握民政工作的本质规律、达成思想共识具有积极意义[①]。

① 马伊里：《以人为本 以人和为目标——关于现代民政核心价值观的讨论》，载《中国民政》2009年第12期。

民政部门是加强社会建设的重要政府部门之一，现代民政工作是构建社会主义和谐社会的主阵地。推进各项民政业务的现代化，制定民政事业发展的各项指向性目标，在制度、法规、政策、科技、体制、方法等方面推进民政事业的现代化，是社会建设的时代要求，是现代民政工作发展的物质基础。从近年来我国民政事业快速发展的现实来看，无论财政投入、基础设施建设、业务范围拓展，还是社会参与、理念创新、机制转变等都有了长足的发展。然而，我们却无法摆脱"有发展无进步"的困惑与尴尬。2009年年中分析会上，时任民政部部长李学举提出的民政工作面临的包括社会救助标准、殡葬管理、流浪乞讨救助、福利彩票风险防范、社会捐赠款物使用发放、伤病残军人移交安置以及救灾工作中的七大新难题，从深层次分析，都与这类困惑与尴尬有关。

（一）发展性贫困

只有发展才能摆脱贫困，这是我们始终要坚持的一个重要的发展理念。但是，我们观察到的两种情况让我们困惑与尴尬：一是发展速度与贫富差距出现了正相关关系。从我国发展情况来看，随着GDP的增长，基尼系数突破了0.4警戒线。1985年、1990年、1995年、2000年、2005年、2008年，全国GDP分别为9016.0亿元、18667.8亿元、60793.7亿元、99214.6亿元、183217.4亿元、300670亿元，基尼系数分别为0.30、0.42、0.43、0.45、0.469、0.473。二是发达地区的绝对贫困现象。过去我们一直认为绝对贫困现象只可能出现在欠发达地区，像上海这样的经济发达地区，只要建立了最低生活保障线，似乎就可以承诺无绝对贫困了。然而，我们在研究"支出型贫困"的许多案例时发现，这一承诺已经被活生生的现实所突破，一部分市民正在支出他们的生命甚至人格，顽强地抵抗着贫困，而我们却处在地区生活的现实差别与"不能把胃口吊得太高"的两难困境之中。民政兜底，"底线"究竟在哪里？

（二）发展的公信力成本

在民政系统有一个普遍的认同，那就是：只要有了钱，什么都好办了。事业发展没有资金是不行的，但是，我们有时候却发现，有了钱我们却有可能会丢失更重要的东西。殡葬事业、彩票事业这几年发展迅速，资金短缺现象有了很大改观，但是，随之而来的是行风测评分数长期在低位徘徊，“黑殡葬”、彩票领域相继发生的公众事件，或多或少使民政部门的公信力面临舆论的挑战。

（三）价值背离现象

一般来讲，一定的社会现实是与相应的价值观一致的。但是，当我们对以往自认为取得很大成就的工作作价值分析时，就不难发现，往往现实背离了我们的初衷。比如社区工作的最本质目的是要通过居民自治，建立或修复和谐的人际关系，形成既符合主流价值观又各具特色的共同体意识和基层秩序。简单说，就是要把陌生的街区变成“熟人社区”。然而，我们观察到的却是一种背离现象，也就是说，在轰轰烈烈的社区建设过程中，我们在这个层面并没有看到太多的“熟人社区”“共同体意识”和“基层秩序”的形成，我们感觉到的还只是一些陌生的“街区”，有的甚至还更像一个行政区，在使行政意图越来越强烈的同时，并没有花力气去激活社区的内在动力，因此出现了“有街区无社区”的背离现象。这种背离现象对于民政部门来说，它的直接后果就是各部门都在地区找到自己位置的同时，民政部门却由于迷失了自己的初衷而抓不住机会，出现功能性弱化的可能。诸如此类，有志愿行为无志愿精神，有轰轰烈烈表象而无内在动力的情况时有发生。

综上所述，现代民政的使命让我们无法回避这类问题而奢谈现代民政。这些困惑来自于民政现代化的过程，但显然不仅仅是具体民政工作如何现代化可以回答的，而是民政现代性中关于民政核心价值观要回答的问题。在价值观层面讨论这些困惑，已经不简单是要不要发展的问题，而是发展的价值导向问题；已经不单单是赚钱多少的问题，而是公信力底线的问题；已经不只是业务拓展的权能大小问题，而是业务拓展的宗旨问题。

三、大民政与浙江民政文化核心理念的凝练

文化是血脉，是凝聚自身力量、强化自我认同的标识。构建“现代大民政”，既是引领浙江民政事业发展的目标导向，也是引领体制机制创新的发展理念。新理念的形成，不仅来源于时代形势变迁后激发的理论创新成果，更要注重在历史传承中升华认识，需要充分汲取民政工作现代创新成果和优秀传统文明成果的养分[①]。

（一）大民政的实践特征之归纳

基于全面总结多年来浙江民政创新经验的总结提炼，接轨快速发展的改革路径，浙江围绕充分发挥民政在社会建设中骨干作用的新定位，适时提出了实施“现代大民政”的战略建议，经过学界研讨论证，民政系统讨论完善，基层探索实践。浙江省委、省政府在第十七次全省民政会议上确立了“现代大民政”战略，即要加快实现从传统民政向“现代大民政”的转型，构建完善适度普惠的社会大福利格局、城乡一体的社会大救助格局、民政基层社会管理的大协同格局、军地军民发展的大融合格局、优质高效的社会大服务格局。

2014年12月—2015年1月，课题组分别从浙江省民政厅、11个地市级民政局、90个县（市、区）民政局，随机抽取了1023名调查对象，进行了《浙江省民政文化调查问卷》。我们的问卷调查对于大民政时代民政工作的主要特征作了数量上的归纳与分析（见表3–1）。

---

① 李建永、赵晓明：《大民生大服务 构建现代大民政——与浙江省民政厅厅长尚清谈学习贯彻十八大精神》，2012 年 12 月 14 日《中国社会报》，第 1 版。

表3-1　大民政时代民政工作的特征[①]

特　征	响应		个案 %
	N	%	
多元性	524	17.3	51.4
公益性	587	19.4	57.5
保障性	709	23.4	69.5
政治性	75	2.5	7.4
社会性	613	20.2	60.1
民事性	107	3.5	10.5
群众性	348	11.5	34.1
行政性	66	2.2	6.5
总　计	3029	100	297

从表3-1中，我们可以看出浙江省各级民政系统的工作人员认为在大民政时代，民政工作的最突出的特征为保障性。在被调查者中，有23%的受访者认为保障性是大民政时代浙江省民政工作的最突出特点。而社会性、公益性、多元性与群众性同样也被认为是重要的民政工作特征。

（二）民政文化核心理念的提出及其各地的表述

第二章中我们已经指出了民政文化作为文化的一种，也包含上述三种形态：观念形态的文化（包括思想观念、价值理念等）、制度形态的文化（包括民政的法律、法规、政策、规章等）和行为形态的文化。三者是一个有机整体，其中制度形态的文化有利于促进观念形态的文化的形成，促使观念形态的文化内化于人心，观念形态的文化外化于人的行为则表现为行为形态的文化，观念形态的文化也是制度形态的文化维持的重要保障。不过，某种意义上说，在这三种形态的文化中最重要的是观念形态的文化。它是支配民政

① 数据来源于课题组《浙江省民政文化调查问卷》。

工作人员行为、调节民政工作人员与其服务对象关系的价值与理念。这些价值与理念中，有一部分在调节民政工作人员与其服务对象的关系上起到了决定性的作用，我们将这种起到决定性作用的价值与理念称为民政文化的核心理念。近些年来全国不少地方在做着提炼民政文化理念的工作，这其中北京市民政和浙江省衢州市民政的努力较引人注目。

北京市民政系统倡导发扬的“孺子牛”精神，激发了广大民政工作者立足本职，默默奉献。但是，这样还不够。民政文化建设不但要突出强调民政人的“奉献”精神，而且要同时强化民政人的效能意识，树立更加科学的奉献理念。由此我们可以认为北京市民政系统的民政文化核心理念包括“孺子牛”精神与“奉献”精神。广西民政厅认为当代民政工作的核心价值观可以整合提升为：尊重和保障人权，增进家庭及邻里团结，弘扬爱国奉献精神，促进社会和谐进步。湖南省民政厅则将民政文化核心理念概括为“忠于职守、爱岗敬业、淡泊名利、竭诚奉献”的“孺子牛”精神。河南省民政系统则将民政文化核心理念概括为：以民为本的理念，依法行政的理念，统筹发展的理念，扶贫济困的理念，公开透明的理念，追求效能的理念，勤政廉政的理念。

浙江省衢州市民政系统基于自身的实践，不断总结经验而逐步提炼出自己的民政文化理念。衢州位于浙江省西部，是闽、浙、赣、皖四省边际中心城市。作为浙江省欠发达地区，虽然缺乏财政优势，但是近年来，衢州的养老体系建设、新社会组织党建、民政法制工作、城乡民政事业一体化等多项工作却走在了全省前列，取得了引人瞩目的成绩。一是始终坚持“忠诚”的精神内核，以推进民政事业城乡一体化为抓手，基本民生保障水平得到持续改善；二是紧紧围绕“为民”的根本宗旨，不断完善养老服务体系，社会化养老服务能力得到强化；三是积极履行民政“责任”的必然要求，推动新社会组织党建，基层社会管理创新取得重大突破；四是秉承民政人“奉献”的价值理念，不断提高民政法制工作水平，民政基础建设得到加强。这样衢州民政形成了“忠诚、为民、责任、奉献”的民政文化核心理念，由此打造出民政文化建设的“衢州样本”。

（三）民政文化核心理念：数据分析

作为浙江省民政系统中的一员，由于相同的制度环境，人们形成了许多相同的价值与理念，这些价值与理念则构成了浙江民政文化的核心。为了了解浙江省民政文化的核心理念，课题组对浙江省民政系统内部所有工作人员进行了问卷调查。

课题组成员通过大量的文献阅读，发现以下词语可以分别代表一种民政文化核心理念：尊重、负责、勤政、贴心为民、高效、务实、守望相助、公正、服务民生、以民为本、保障民权、贴心为民、惠及民利、为民解困、廉洁阳光、爱岗敬业、诚信、奉献、公平、共建共享 、便民、仁爱向善、忠诚、创新。2014年12月—2015年1月，课题组分别从浙江省民政厅、11个地市级民政局、90个县（市、区）民政局，随机抽取了1023名调查对象，进行了《浙江省民政文化调查问卷》。问卷的问题是："您认为哪些词语能够代表浙江省民政文化的核心理念"，从中我们可以了解到浙江特色的民政文化核心理念有哪些。

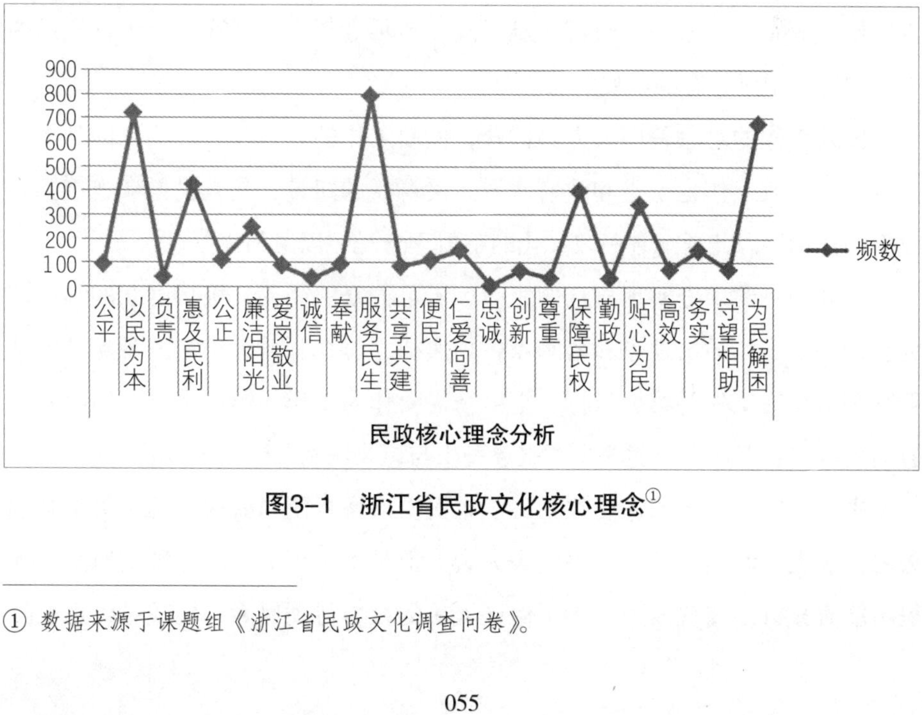

图3–1　浙江省民政文化核心理念[①]

① 数据来源于课题组《浙江省民政文化调查问卷》。

通过统计分析，我们发现，在浙江省的民政工作人员心目中，以民为本、惠及民利、服务民生、保障民权与为民解困这五个理念最能够代表浙江省民政文化的核心理念，它们的被选次数都远远超过其他理念，达到了400次。从图3-1中我们可以看出，以民为本、惠及民利、服务民生、保障民权与为民解困这五个理念被选的次数都远远超过其他理念，分别为719人次（14.9%）、424人次（8.8%）、790人（16.3%）、399人次（8.3%）、676（14.0%）人次。

（四）浙江民政文化核心理念的提炼与确认

由上述的数据分析，我们可以确认，浙江省民政文化的核心理念为：以民为本、惠及民利、服务民生、保障民权、为民解困。

有意思的是这五个核心理念都含有一个“民”字，我们可以用这五个理念来解释 “民政”概念中的“民”字。“以民为本”可以看作是浙江民政的哲学内涵；“服务民生”与“惠及民利”代表浙江民政直接关系到民众的最根本利益；“保障民权”则体现了民政系统在基层政权建设过程中发挥的积极作用，而在新时期则体现为民政系统社区建设过程中的重要作用；“为民解困”则代表了民政系统在救济困难民众（包括老年人、残疾人、因灾致困的人）的过程中所具有的重要意义。

民政工作的对象是广大人民群众，民政工作的业务与人民群众的利益息息相关。民政工作也是党和政府联系人民群众的纽带，是人民群众连接党和政府的桥梁。因此浙江省民政文化的首要理念是“以民为本”。

中共中央要求把实现群众的愿望、满足群众的需要、维护群众的利益作为我们一切工作的出发点和落脚点，切实树立群众利益无小事的观念。要把群众利益作为工作的第一目标，把群众需要作为工作的第一重点。因此浙江省的民政核心理念中不能缺少“服务民生与惠及民利”这两个核心理念。

中华人民共和国的一切权力属于人民。人民行使国家权力的机关是全国人民代表大会和地方各级人民代表大会。但是由于历史原因与现实原因，人民不能直接行使这些权力。为了保证人民的权力得到保障，民政系统也发挥了积极的作用，例如在基层政权建设过程中发挥的积极作用。因此浙江省民政文化核心理念中“保障民权”同样是一个非常重要的理念。

浙江省民政系统把关心群众疾苦作为第一责任，把群众满意作为第一追求。在民政工作中把握住了根本方向。在社会发展中找准位置充分发挥出其应有的作用。那么“为民解困”也必然是民政文化核心理念中非常重要的一部分。

四、小结

随着经济的不断发展与转型，浙江省提出要实现从全面建成小康社会到基本实现“两富”现代化的转变。在这一转变过程中，民政工作也作出了相应的调整，实现了从主抓社会行政事务转变为主导社会建设。与此同时，民政事业从“五大体系”建设转变为现代大民政建设。

然而传统的民政价值在这些社会转型的过程中也出现了许多困境。经济的发展没有促进贫困问题的解决，而是进一步造成了贫富两极分化与一些人群的绝对贫困。而且在发展的过程中，出现了政府公信力下降的现象。同时，相关的民政制度的实施过程出现了价值背离的现象。这些问题都急需新的民政核心价值。

近年来，浙江省民政系统的大民政实践带来了民政文化的繁荣与发展。在大民政建设的过程中，浙江省民政系统以保障民生、落实民权、维护民利为价值目标，并将这些目标融合到民政制度的建设过程中。在制度的落实过程中，这些价值目标又涌现于民政工作人员的行为之中。最终，形成了“以民为本、惠及民利、服务民生、保障民权、为民解困”的民政文化核心理念。

第四章
慈心为人，善举济世：浙江慈善文化发展

慈善文化作为一种重要的文化精神力量，引导着社会成员的伦理思想和行为规范，推动着慈善事业的发展。慈善文化体现出的是一个国家慈善事业是否发达，是否具有鲜明的社会感染力和引导力，同时也体现出企业用发展的成就回报社会的一种精神，体现出和谐社会让财富再次分配从而惠及更多人群的一种境界。慈善事业需要慈善文化的感染。

一、慈善与慈善文化

（一）慈善

“慈善”这两个字，英语是“Philanthropy”，来自古希腊语，本意为“人的爱”；另外一个词“Charity”的本意是“爱”和“博爱”。英语中，慈善由“爱”和“人类”这两个部分构成，它包括三层含义：增加人类福利的努力或倾向；对全人类的爱；为了提高人类福利的活动或机构。著名学者贝克尔给慈善下的定义是：“如果将时间与产品转移给没有利益关系的人或组织，那么，这种行为就被称为‘慈善’或‘博爱’。”[1]综合这些对慈善

① 参见何兰萍：《从慈善纠纷看我国慈善事业制度化的方向》，载《学习与实践》2009年第4期。

的解释，人们早已将慈和善结合在一起，并将以人为本、乐善好施、无私奉献、对人关怀而富有同情心作为共同的含义。

慈善的含义，早在中国古籍中即有记载。《左传》[①]里有“宣慈惠和”，即“慈者爱，出于心，恩被于物也”的记述。汉代时，许慎在《说文解字》中解释为“慈，爱也；善，吉”。佛学要典[②]：“‘大慈与一切众生乐，大悲拔一切众生苦’，把使一切生命体感到快乐，称为‘大慈’。”在中国的辞典上这两个字是分开的，“慈”就是仁义、和善、慈祥，慈者爱也；恻隐、同情、怜悯叫作慈，佛祖、菩萨、爱护大众给人快乐叫作“慈”；“善”是吉祥、美好，中国字里凡是有个“羊”字的就代表美好。一般来说父母对子女的爱叫作“慈”[③]，人与人之间的爱叫作“善”，怀有仁爱之心叫慈，广济困苦之举叫“善”，慈善合起来就是对人类的关怀，是仁爱、德行和善举的统一。

不过，这里需要指出两点：第一，慈善领域是不同于市场和政府的“第三域”。中国慈善事业与慈善文化的发展，首先需要明确的是国家或政府在慈善事业中的地位和作用。在现代社会，同民生相关的事务方面，政府的职责已经被严格限定在通过税收来提供公共产品的范围之内，超出国家法定责任之外的公民个人或家庭的困难，不再是政府的责任，而是需要通过社会来解决。所以，慈善属于社会的范畴，是不同于市场和政府的“第三域”，既不适合市场的利润逻辑，也不适合政府的公共服务逻辑，而是公民或企业公民基于一定的价值观而作出的公益行为。“慈善是一种民间的社会行为，而不是政府行为，这主要讲办慈善的钱，也就是善源，是来自民间而不是政府。政府用的是国库里的钱扶贫搞救济，那是政府行为而不是慈善，政府救济是其应尽职责的体现。”“政府为人民所做的一切都可以称之为社会保障。而政府能力有限，需要民间慈善来发挥作用，所以慈善也可以看作是政府主导

---

① 杨伯峻：《春秋左传注》，北京·中华书局，1981 年版。

②《大智度论》卷二七《释初品·大慈大悲义》，上海古籍出版社，1993 年版。

③ 周秋光：《中国慈善发展的历史与现实》，载《史学月刊》2013 年第 3 期。

下的社会保障体系的一种必要的补充。”[①]因此，社会上普遍存在的以或明或暗的行政命令方式“号召”慈善的做法，显然有违于慈善基本精神的。但是，对处于转型中的中国来说，慈善事业的发展离不开政府的指导与监管，现代慈善并不排斥相反要善于利用市场机制，从而获得更好的发展。第二，现代慈善不等同于“功德”。“慈善是一种‘为人’与‘无我’，这是一种人道主义精神，是一种无私的表现，如果说带有任何功利的目的不算什么慈善。也就是说慈善只讲付出，不求回报。”[②]公民是慈善的主体，但在为什么慈善上，公民也需要有一个观念转变的过程。过去，国人常将施舍等善行同个人德行或“功德”相联系，所谓“荫功积德”，修个好名声或好来世。然而，在现代慈善概念中，一个人之所以行善，不是简单地出于个人做好事的动机，而是个人承担对他人的社会责任，这种责任不是分外的德行，而是人性的自我完善，是现代公民在公共生活中主体地位的体现。从个人美德到公共责任的转变，使慈善成为一种“平常行为”，捐与不捐，捐多少，不但取决于一个人的能力，也取决于一个人对社会责任的认识。财富意味着责任，巨大的财富代表着巨大的责任，慈善就是履行责任的方式，这样的观念才是现代慈善观念，在这样的观念指导下的行为才是现代慈善行为。反过来，正因为慈善是责任，所以才能在一些慈善事业发展良好的社会看到“悄悄的慈善”，而没见到对巨额捐赠的道德溢美之词。把慈善提到过高的道德水平，不是慈善文化的先进和成熟的表现，反而表现了其滞后和幼稚。现代慈善文化不在于突出善行的个人德行品质，因此需要我们以平常心看待慈善，这也是重建中国慈善文化必备的一种心态。

（二）慈善文化

慈善文化是社会文化的一个重要组成部分，中华传统文化自古强调“百行德为首，百德善为先”，历经了数千年的动态发展，已然融入中华民族的

---

①② 周秋光：《中国慈善发展的历史与现实》，载《史学月刊》2013 年第 3 期。

血液之中。慈善文化是一种平等互助的理念，其核心是利他主义价值观。可以将它分为三个层次：一是表层，就是物的层次，主要由两个内容组成。一个内容是财富和支配财富的人，即捐赠方的人和物；另一个内容是被救助的困难群体及被救助、改造的人的生存环境（土地、房屋、水源、粮食、交通设施）。二是中间层，是心物结合的层次。这主要是将慈善理念和行为相结合，用组织和制度的形式规定下来，确立一定的行为规范，供从事慈善的人去运作与遵守，如慈善组织、慈善章程、慈善法规等。三是里层，即心的层次。这主要是慈善思想、慈善理念、慈善价值观。它是慈善文化最核心的层次，是慈善的灵魂。三个层次相互运作，形成一个有机的整体。弘扬慈善文化所要达到的境界就是要在全社会营造浓郁的“人文关怀”的氛围，减少冲突，调和矛盾，使社会呈现一种稳定和谐的状态①。

二、浙江慈善事业发展的现状

改革开放后，受相关政策指引，浙江现代的慈善事业艰难起步于20世纪80年代中期，慈善理念于90年代中期才逐步确立，继而慈善组织不断出现。由于21世纪相关政策法规不断完善，慈善活动得以进一步发展。继1994年9月浙江省慈善总会成立至今，经过整整20年的发展，浙江慈善事业发展迅猛，硕果累累，为维护社会稳定，促进社会和谐，培育正能量，助推“中国梦”发挥了重要作用。浙江慈善事业主要由官方和民间共同出力，为浙江慈善文化作出了重要贡献。

（一）政府主导的慈善事业的主要工作

政府在浙江慈善事业的发展中扮演着重要的角色，不仅为其发展方向作出了规划指引，而且为慈善事业的蓬勃发展提供了行政推力。

---

① 周秋光：《中国慈善发展的历史与现实》，载《史学月刊》2013年第3期。

首先，浙江慈善事业发展的大前提得益于国家的政策法规支持。改革开放以来，国家对慈善事业建设不断重视，并陆续颁布出台了一系列政策法规来促进我国慈善事业的发展，其中有《中华人民共和国红十字会法》《中华人民共和国公益事业捐赠法》《基金会管理条例》《中国慈善事业发展指导纲要（2011—2015年）》等，以及其他相关部门出台的与慈善相关的法律法规。尤其2016年3月通过的《中华人民共和国慈善法》，从法律层面保障了中国慈善事业的有序开展。除此之外，我国还陆续出台了公益性捐赠税收优惠政策，《中华人民共和国企业所得税法》对企业公益性捐赠支出予以了税收免除，《中华人民共和国个人所得税法》也对纳税人慈善捐赠部分的税收予以优惠。2012年民政部出台的《志愿服务记录办法》对推进公益事业的志愿服务工作有巨大作用。

其次，浙江慈善事业发展的坚强后盾是地方政府的人力物力与政策支持。近年来，浙江省委、省政府高度重视慈善事业，采取了一系列措施推动全省慈善事业蓬勃发展，整体发展位于全国前列。1994年8月，嘉兴市慈善总会经批准成为浙江省内第一家地方慈善机构，同年9月，浙江省慈善总会依法登记获批注册成立，由此，浙江省慈善事业开始了蓬勃发展的新篇章。总结近年来浙江省政府的具体慈善工作，大致可以从社会慈善、社会救助、社会福利、灾害救助几个方面来概括。

1. 在社会慈善方面

第一，加紧政策创制。2006年，“浙江省委、省政府办公厅下发了《关于加快发展慈善事业的通知》，制定发布了《浙江省慈善事业发展指导纲要（2006—2010年）》”[①]，提出包括加强慈善组织建设、管理，规范慈善募捐等四项举措，加快推进浙江省慈善事业的发展。2011年，宁波市率先颁布了

① 肖国飞、任春晓：《浙江慈善事业发展的社会推力研究》，载《国家行政学院学报》2009年第1期，第61—64页。

《宁波市慈善事业促进条例》，温州市随后出台了《关于加快温州慈善事业发展的若干意见》，2012年，浙江省开始启动慈善立法。这些政策文件的出台，都体现了从省里到地方对社会慈善事业的重视以及近年来对慈善事业的积极推动。

第二，完善促进机制。自2010年浙江省民政厅出台关于落实慈善事业促进职能以来，截至2013年，全省共有8个市及部分县（市、区）已明确了对应职能处室与机构设置，以绍兴为代表的一些地方已经建立起了慈善事业促进协调机制。除了官方部门设置的机构外，各级慈善组织也广泛发展起来，截至2015年，全省101个市、县（市、区）已实现各类慈善组织的全覆盖，涉及文化、体育、卫生、生态等多领域的慈善工作网络基本形成。志愿者团体为了积极响应中央关于公益救济性捐赠税收优惠等政策，浙江省财政厅等相关部门对相关基金会和社会团体进行了认证。

第三，创新慈善宣传。为了营造慈善氛围，各地不断创新慈善宣传方式，借助各类新媒体或者创办杂志等方式进行慈善宣传。各类慈善日、慈善周、慈善月等活动，以及地区内“慈善奖”评选活动的开展，都促进了慈善文化的发展。2013年浙江省民政厅还与钱江晚报社合作开展“慈善在行动”宣传活动，广播慈善事迹与慈善理念。“浙江慈善奖”作为本辖区公益慈善领域最高政府奖，于2006年启动首届评选，随后浙江省民政厅制定了《“浙江慈善奖”评选表彰办法》使得慈善评奖更加具体可行。慈善奖评选过程是宣传慈善文化和营造慈善氛围的重要过程，有利于进一步促进浙江省慈善事业的发展。

第四，推动阳光慈善。2013年，浙江省委、省政府和省民政厅为推进“阳光工程系列活动”，专门制发了《浙江省阳光慈善建设实施方案》，从慈善信息阳光透明、慈善行业阳光自律、慈善奖项阳光评选、慈善组织阳光监督等四个方面提升慈善公信力。同年4月，全省开始启动阳光慈善建设。同年还开发建成了“浙江阳光慈善网”，作为全省统一的慈善信息公示平台。

2. 在社会救助方面

浙江省是全国率先建立新型城乡社会救助体系的省份，将社会救助工作放在落实科学发展观、建设和谐社会、创建“两富”浙江的重要领域来抓。10多年来，省内各级政府深入贯彻国务院关于社会救助的一系列部署和决策，不断完善救助机制、创新救助手段。

第一，完善救助机制。浙江省10余年来先后出台了一系列政策法规，涵盖城乡低保、残疾人保障、医疗救助、临时救助等方面。2001年出台了《浙江省最低生活保障办法》，标志着全省社会救助城乡一体化推进工作正式启动。随后几年又分别出台了《关于加快建立覆盖城乡的新型社会救助体系的通知》《关于进一步完善新型社会救助体系的通知》，从政策上进一步推进了社会救助城乡一体化的发展。全省十七次民政会议进一步明确了“十二五”时期社会救助工作的目标任务。2012年下发了《关于进一步加强民政工作 加快推进民政事业城乡一体化的意见》，这更加具体有效地落实了城乡社会救助的各项政策和任务。浙江省十二届人大常委会第十一次会议审议通过了《浙江省社会救助条例》，也即全国首部综合性社会救助地方性法规，涵盖了包括吃、穿、住、医、教等基本生活各方面，不仅坚持分层分类救助，实现了救助对象动态管理机制，更以就业救助等手段破除“养懒汉”现象。除此之外，社会救助工作也被纳入对各级党政班子目标责任考核的内容。由此，浙江省的社会救助工作不断向法制化、规范化、制度化前进①。

第二，创新救助手段。10多年来，浙江省不断创新救助手段，致力于提升社会救助城乡一体化水平。2004年，率先在全省建立困难群众基本生活消费品价格上涨动态补贴机制，随后又下发《关于进一步完善困难群众基本生活价格物价补贴机制的通知》，不仅扩大了基本生活补贴的发放范围，同时根据物价水平提高了发放标准。与此同时，还采用对救助对象的定期监督

① 浙江省民政厅社会救助处:《创新社会救助体系 惠及更多困难群众》，载《浙江民政》2013年第10期，第10页。

和复核，使得社会救助对象不再一成不变。除此之外，浙江省2004年出台了《关于加快建立和完善医疗救助制度的通知》《关于进一步做好资助困难群众参加基本医疗保险有关工作的通知》等系列政策，都使得社会救助更加全面。2011年《浙江省城乡居民临时救助办法（试行）》的出台，进一步促进了新型社会救助体系的完善，使得社会救助得到长效发展。2012年以来，全省民政部门更深入开展了“阳光救助”工程，先后出台了《浙江省“阳光救助”工程实施方案》《浙江省社会救助审批回避办法》从政策宣传、民主评议、社会公示、资金社会发放等方面提升了社会救助的水平[①]。

总的来说，十几年里浙江省通过完善救助机制、创新救助手段等一系列举措，不断完善社会救助体系，使得城乡一体化社会救助水平不断提高。

3. 在社会福利方面

第一，儿童福利事业向普惠型不断迈进。2014年，浙江省民政厅、省财政厅联合下发了《关于推进困境儿童分类保障制度的通知》（浙民儿［2014］87号），标志着全国首个困境儿童分类保障制度在浙江落地。近年来，浙江省在不断探索建立适度普惠型儿童福利制度过程中，重点推动建立困境儿童分类保障制度，此次浙江省级统一制度的出台，是对各地区实践经验的总结和升华。更是继2011年浙江省政府在全国范围内率先提出“困境儿童”概念后，“困境儿童”保障工作的又一历史性政策突破。

第二，社会福利机构建设不断增强。浙江省一直重视社会福利机构社工组织的建设，不断提升社会福利机构的服务质量和水平。“十一五”以来，全省上下都积极开展社会福利机构社工队伍建设。2011年，浙江省下发《浙江省社会工作人才队伍建设中长期规划（2011—2020年）》，其中提出将社工人才队伍建设作为重点建设领域。除此之外，浙江省发改委和省民政厅联合

① 浙江省民政厅社会救助处：《创新社会救助体系 惠及更多困难群众》，载《浙江民政》2013年第10期，第10—11页。

下发有关社会福利发展的“十二五”规划，提出：“到2015年，社会福利事业单位全面设置社会工作岗位，建立工作站。以从事福利服务为主的社会组织原则上都有社会工作者参与。”[①]截至2012年年底，全省社会福利机构社会工作者已有500多人。这些不仅标志着浙江省对社会福利事业的重视，更显示浙江省社会福利机构的不断完善，社会工作者队伍的不断壮大，社会福利事业的专业化发展。

第三，福彩事业是慈善资金的重要来源。浙江省福利彩票首发于1987年，当时一年的发行规模仅1000多万元。2010年以来，虽然国内外经济形势严峻，但浙江省福利彩票发行年年创新高，不仅有助于营造浓厚的慈善氛围，发展公益慈善事业，更有助于切实解决困难群众和困难群体的实际困难。据统计[②]，2012年全省发行福利彩票102.4亿元，筹集福彩公益金30.1亿元，是我国第四个超百亿元的福彩大省。截至2013年，全省共累计发行各类福利彩票500亿元，发行规模增长1000多倍，为国家筹集公益金156亿元。福利彩票事业不仅能调动民众从事慈善的积极性，更成为筹募公益资金、调节社会分配的有益手段。

除此之外，浙江省还出台了《浙江省福利企业管理办法》，这也是自2007年国家税收优惠政策调整后全国第一个以省政府规章形式制定出台的福利企业管理办法。福利企业管理的各项规定出台，不仅使得福利企业管理更加规范化，更标志着浙江省福利企业管理工作法律法规欠缺、具体管理与执法工作无章可循历史的终结。总体上，浙江省从福利机构、福彩事业、儿童福利和福利企业等多方面着手，推动福利事业不断向前发展，社会福利文化越来越浓厚。

---

①《浙江省借力社会工作提升福利机构管理服务水平》，民政部门户网站，http://www.mca.gov.cn/article/zwgk/dfxx/201303/20130300428839.shtml。

②《浙江福利彩票年发行首次超过百亿元 为公益事业和保障民生作出重要贡献》，载《浙江民政》2013 年第 2 期，第 9 页。

4. 在减灾救助方面

浙江省一直是台风、梅雨洪涝、滑坡等自然灾害高发地区，因此，以慈善为特征的救助文化是浙江省慈善文化的重要组成部分，近年来，浙江省不断推进工作机制完善，在应急救助体系、综合协调机制、防灾减灾宣传方面均作了相应改善。

第一，完善应急救助体系。2014年，浙江省已经建立起了较完整的救灾预案体系，“由《浙江省突发公共事件总体应急预案》、38个专项预案和一系列行政保障方案、部门预案组成”[①]。除此之外，坚持以人为本的救灾应急体系建设，还初步建立起了包括一系列地方性法规、政府规章和政府规范性文件在内的较完善的救灾应急法规政策体系，涵盖了包括自然灾害、生产安全、环境治理等各个方面，不仅为应急救助提供了保障，更推动了减灾救助的规范化法制化进程。

第二，创新综合协调机制。为了加强民政部门的减灾救灾的综合协调能力，浙江省于2011年建立了省减灾委员会，健全了以组织指挥系统为核心的分层级的组织指挥体系[②]：即以政府为总指挥、以灾种为主体、有分有合、部门协作的组织指挥体系。在此基础上，还全面推进以技术为支撑的专项化技术支撑体系，使得防灾减灾有切实保障。

第三，加强防灾减灾宣传。为了提高全社会的减灾意识，浙江省组织以经常性的教育培训进行全方位宣传。例如，将减灾宣传与新农村建设相结合，使宣传走进社区。结合国家“防灾减灾日”和国际减灾日，组织相关活动进一步增强宣传教育效果，以提高全省防灾减灾意识。

除了加强各地区内的救助减灾建设，浙江省还积极帮助其他地方的救助工作，如雅安芦山地震，浙江省政府以全省人民的名义捐款500万元，援助四

① 浙江省民政厅救灾处：《现代大民政背景下我省减灾救灾工作的初步思考》，载《浙江民政》2012年第12期，第49页。

② 同上，第48页。

川芦山地震灾区。在官方的呼吁带动下，浙江省各界以各种形式表达爱心，捐资捐物，以实际行动弘扬了浙江人民的慈善热情，彰显了浙江特有的慈善文化。本着“以人为本，救民于困”的原则，近年来，浙江省以官方为主导的救灾减灾工作取得了一定的成效。作为浙江慈善事业的一个重要部分，救灾减灾文化必将在浙江发展得越来越好。

（二）企业成为慈善事业发展的主体

浙江省社会各界参与公益慈善事业的积极性很高，其中民营企业是一支十分重要的社会力量，它们成立各种类型的基金会，为浙江省慈善事业的发展作出了重要贡献。截至2013年，全省基金会292家，其中私募基金会已经发展到168家，相比2010年翻了两番还多。作为全国慈善氛围最浓郁的省份，浙江近年来慈善捐款总额均列全国首位。据浙江省慈善总会统计，截至2014年年底，浙江省累计捐款23.7亿元。在现金、物资、冠名慈善基金三大类捐赠方式中，民营企业均占大头。2006年首届浙江慈善大会上，浙江企业界就发出了“支持慈善事业，承担社会责任”的倡议。2007年的浙商大会上，海内外2000多名浙商代表通过了《浙商社会责任倡议书》，纷纷承诺承担起更多的社会责任。除此之外，浙商慈善军团也引领全国慈善捐赠，仅“2006年胡润慈善榜”[①]浙江人入榜占总数三成，“浙江慈善奖”个人奖50人中民营企业家独占40人。除此之外，浙江民营企业还积极为慈善事业搭建平台，阿里巴巴集团联合浙江省青少年发展基金会设立了“阿里巴巴·希望小学教师培训专项基金”，并在首届中国网商节期间，开展了现场为希望小学教师的捐赠活动，并在网上建立了关注希望小学教师再教育的实时捐赠平台。

社会责任感的增强，使民营企业慈善捐款的意识不断增强。杭州娃哈哈

---

①《胡润2006年中国内地慈善榜，新浪财经》，http://finance.sina.com.cn/focus/hrcs2006/（2015年1月10日上网）。

集团有限公司（以下简称娃哈哈）[①]成立于1987年，目前是中国规模最大、效益最好的饮料企业。这家著名的民营企业不仅经营有道，而且在社会慈善方面也有着突出贡献。自其成立之日起，娃哈哈就积极投身于社会公益事业，截至2013年，娃哈哈累计捐赠4.2亿元人民币，当之无愧成为民营企业界的慈善楷模。娃哈哈积极支持省内外教育事业，截至2014年，娃哈哈在教育事业上累计捐赠2.8亿元；乐于帮助困难群体，一直参与“春风行动”，仅2006年就认捐100万元；积极援助公共危机，29年来，只要有危机就有娃哈哈从事公益的身影，娃哈哈在援助解决公共危机方面累计捐赠4688万元；积极促进东西部共同发展，娃哈哈坚持“造血为主、输血为辅”的原则，在中西部较落后地区投资办厂，先富带后富，促进东西部共同发展。至今，娃哈哈在中西部落后地区16个省市投资70亿元，建立60余家分公司，直接解决1.3万余人就业，间接带动多个行业的发展和就业。杭州道远集团更是直接捐助1亿元设立萧山道远慈善分会，该慈善基金每年拿出1260万元用于三方面的慈善事业：60万元捐给道远集团所在村65岁以上的老年人，每年补助每位老年人2000元；200万元用于资助贫困大学生；另有1000万元资助浙江省各地的白血病患者。这也是浙江省2006年收到单笔数额最大的一笔慈善基金。以温州市为例，其成立了全国首家民企联合扶贫机构——乐清市民营企业扶贫济困总会，由一开电器集团创立了全国首个由民企专门负责运作慈善工作的“慈善部”，由红蜻蜓集团出资100万元发起设立“浙江省农村青年发展基金会”，等等，据不完全统计，4年来单该市民企共捐资累计8.6亿余元，设立各类反哺社会专项基金28个。从这些数据可以看到，民营浙商当之无愧为浙江慈善事业作出了巨大贡献[②]。

随着经济地位的不断提高，很多民营企业家也渴望获取更多的政治资源，以巩固自己的经济地位并获得更高的社会层次和更大范围的尊重。公益

① 资料数据来源：《娃哈哈董事长宗庆后的慈善事迹》，http://www.doc88.com/p-685404114829.html（2015 年 1 月 10 日上网）。

② 戴凡：《浙江慈善捐款有八成来自民企》，载《财富智慧》2007 年第 3 期。

性政治参与作为一种非正式的政治参与不仅使其收获了自己的利益，更多地体现了企业家对公众和社会整体利益的维护。

（三）专业化、规范化是浙江慈善事业不断追寻的目标

慈善事业是建立在志愿和信任基础上的事业，慈善事业的成败很大程度取决于慈善机构能否取得公众的信任。信息不透明是慈善机构遭遇信任危机的根本原因。2011年，中国慈善业因郭美美炫富等一系列事件引发公众对其管理的质疑。据中民慈善捐助信息中心发布的《中国慈善透明报告（2011）》[①]显示，慈善组织透明度现状堪忧。公众给被调查的1000家慈善组织平均打分只有33分（百分制）。慈善机构专业化、规范化建设是提高公信力的重要基础。“所谓专业化，就是从事慈善事业人要懂专业。慈善事业的迅速发展，既需要临时志愿工作者，更需要众多接受过专业化知识训练的社工参与。这是稳定慈善工作队伍，提高慈善工作者素质、提高慈善工作效率的客观要求。”[②]

因此，浙江省始终把公信力视为慈善事业的生命线，逐步形成了调研、策划、宣传、筹款、救助、评估、表彰等一整套比较完善的内部自律机制和工作运作机制。聘请法律顾问、坚持年度审计、公开管理信息、建立反馈机制等，把“依法治会、依法行善”的理念落实到各项业务中。同时浙江省也清醒地认识到，目前慈善事业发展与经济社会发展和人民群众的要求之间还存在较大差距，健全慈善法规政策体系、推进慈善机构“政社分离”、整合救助项目、退款义工服务领域、加快慈善实体建设、提升慈善工作信息化水平等方面，需要进一步创新与探索。慈善工作规范化有利于慈善组织透明高效运作、有利于激发公众慈善潜力、有利于促进慈善功能的发挥。

浙江省不仅紧抓慈善事业的规范化建设，同时积极探索慈善事业职业化

① 王南：《中国慈善透明报告发布仅8%受访者满意慈善透明度》，2011年。

② 周秋光：《中国慈善文化：历史与现实》，“岭南大讲坛·文化论坛”第35讲。

的运作方式。中国社会科学院研究员、美国研究所前所长资中筠认为，“只有职业化才能提高慈善事业的公信力和企业对慈善项目执行能力的信任，才能为企业慈善捐款解除后顾之忧，从而激发全社会参与慈善的热情。”[①]慈善事业的发展亟待更多的专业化人才，2014年，全省县以上慈善机构的职业化建设取得初步成效，通过公开招考、择优录用为慈善事业注入了新鲜血液，一批大学生充实到慈善机构，使慈善工作“后继有人”。在义工工作专业化建设方面，浙江省无论在队伍建设、资源整合还是能力训练、项目运作等方面都进行了有益的探索。有关促进慈善从业人员职业化的理念，已被列入2005年11月20日公布的《中国慈善事业发展指导纲要（2006—2010年）》。慈善事业的职业化，不仅仅涉及慈善机构，还将涉及大专院校和培训机构等相关部门。只有全社会重视慈善事业，慈善的职业化才能顺利实现。

（四）组织、制度和规则建设为保障

加强慈善组织、慈善制度和慈善规则建设是扩大慈善品牌效应的必然要求。通过多年的努力，浙江省逐步建立起一支比较精干、充满奉献精神、勇于开拓创新的慈善工作者和义工队伍。以团体会员制为纽带，注重发挥系统优势，通过共同策划和运作重大慈善项目，产生“共振”效应，扩大了慈善事业的社会影响力和认知度。5年多来，全省慈善组织荣获中华慈善总会表彰的“中华慈善事业突出贡献奖”先进机构奖6个，“中华慈善优秀工作者（志愿者）奖”13个、“全国优秀慈善工作者”7个；荣获省政府表彰的“浙江慈善奖”项目奖38个，机构奖2个[②]。

其中，浙江省慈善总会2007年1月和2009年7月先后两次荣获“中华慈善事业突出贡献奖”机构奖，受到中华慈善总会表彰，时任会长孙家贤荣

① 《浙江慈善事业全国领先》，浙江日报，http://news.sina.com.cn/c/2006-02-26/05288302966s.Shtml（2015年1月10日上网）。

② 《浙江省慈善总会机构简介》，浙江慈善网，http://www.zcf.org.cn/Airtcle/info.aspx?id=4（2015年1月10日上网）。

获“中华慈善贡献奖”，贺家弼顾问等5 位同志荣获“中华慈善优秀工作者（志愿者）奖”。2010年2月，浙江慈善总会再次被评为“全国先进社会组织”受到民政部表彰；2010年12月，被评为“浙江省支援青川县灾后恢复重建工作先进集体”[①]，受到省委、省政府表彰。十几年来，浙江的慈善事业在省委、省政府的高度重视、民政部门的积极推动和社会各界的热情参与下，以科学发展观为统领，以省委“创业创新”总战略为指引，认真贯彻落实中华慈善大会、浙江慈善大会精神，稳步实施《浙江省慈善事业发展指导纲要（2006—2010年）》，推动慈善事业步入了新的发展阶段。浙江省慈善总会以传播慈善文化，发展慈善组织，开展社会募捐，救助困难群体为己任，在协助政府发展慈善公益事业、促进社会文明进步、加快创新社会管理、推动和谐社会建设中发挥了重要作用。另外，在内部法规与制度建设方面，浙江省慈善总会制定了包括浙江省慈善总会社会监督委员会工作规则（试行）、省慈善总会行政管理制度、省慈善总会信息发布制度、省慈善总会信访接待制度、省慈善总会项目管理制度、省慈善总会网络与信息管理制度、省慈善总会财务管理制度、浙江省慈善总会创始基金章程、浙江省慈善总会资金募集管理办法（试行）、浙江省慈善总会义工招募管理办法（试行）、浙江省慈善总会会议制度、义务工作指导意见等在内的多个制度和规则，确保了其工作的规范化和专业化。

（五）机制创新为突破口

中国社科院发布的2016年《慈善蓝皮书》指出：2015年我国社会捐赠量达992亿元。中国与美国、英国等国相比，慈善捐赠规模最少，所占GDP比例最低，“目前中国人均捐款为25元”[②]。不仅如此，随着经济社会以

①《浙江省慈善总会机构简介》，浙江慈善网，http://www.zcf.org.cn/Airtcle/info.aspx?id=4（2015年1月10日上网）。

②《民政部数据显示中国人均慈善捐款仅为25元》，新华网，http://news.xinhuanet.com/politics/2010-11/03/c_12731066.htm（2015年1月10日上网）。

及慈善理念的更新发展，我国传统的“慈”“善”观念受到了不少冲击。只有创新慈善事业发展机制，并以此为突破口，慈善文化才能焕发出长久生机。

随着浙江省慈善事业的快速发展，基层慈善组织纷纷建立，嘉兴市秀洲区油车港镇池湾村通过慈善救助机制创新，开展“慈善文化村”建设项目，人人参与慈善，使得慈善理念深入人心，村民扶贫济困、慈善奉献的积极性不断提高，村级帮扶基金得到壮大，困难群众得到及时、普遍救助，文明和谐幸福村的建设得到巩固提升。首先，壮大慈善资金建设。该村于2012年建立村慈善工作站，截至2014年年底①已累计募集15万元，并于每年号召开展一次募捐活动。2013—2014年，该村已支出村级帮扶基金6.3万元，其中3.4万元用于本村困难老人、学生、大病或突发困难的村民，每人救助不超过2000元，已累计救助20余人，充分发挥了村级慈善帮扶基金的积极作用，真正做到“应急救助不出村”。其次，建立“造血型”慈善扶贫机制。池湾村的千亩荡作为慈善“造血型”扶贫基地，提供给10名贫困种植户种植草莓，并由基地提供产前、产中、产后种植技术指导和销售全程跟踪“一条龙”服务，帮助其脱贫致富。按照慈善“造血型”扶贫基地的要求，发挥千亩荡慈善扶贫基地的“造血”功能，对扶持户的技术培训、田间指导、跟踪服务、联系销售等方面加大工作力度，使大多数低保、低收入家庭收入明显增加，生活得到明显改善。最后，创新慈善文化宣传。池湾村的农家墙壁上是一幅幅构思巧妙、技艺精湛又贴近农村生活的“文化墙”，新二十四孝、新农村建设、“五水共治”等主题内容都融入了这面墙，通过浅显易懂的方式向百姓传达现代慈善文化，使得慈善理念深入人心。

池湾村正是通过立足吸收优秀传统文化，并结合时代的要求，推陈出新，革故鼎新，创新慈善救助机制，不断提高村民的社会责任感和道德素养与慈善意识，使得广大村民争当慈善事业的参与者和支持者。

---

①《在“慈善文化村”感受“勤善和美”》，嘉兴在线－嘉兴日报，2015年1月13日。

近年来，瑞安市民政局进一步加大对公益组织的培育扶持力度，建立社会组织孵化基地和公益服务中心培育孵化公益组织，并从2013年开始每年举办一届公益创投活动。在全国首创“政府订制+社会组织自选”双轨运行模式，两年来共资助120余万元资助公益项目30个，受益群众超过15万人次[①]，培育出了守护天使·预防儿童走失项目和愿望树·关爱留守儿童计划等一批深受群众欢迎的公益项目，其中守护天使·预防儿童走失项目获得中国第三届公益慈善项目大赛创意类银奖。

平湖市志愿者爱心联盟长期致力于扶贫帮困、赈灾捐赠、关爱特殊群体等项目，得到了平湖市社会各界的高度评价和充分肯定。为进一步弘扬其公益文化精神，经平湖市民政局申报，将该组织负责核心工作的秘书长推荐申评为“南湖百杰”，并得到表彰。

（六）品牌创建是慈善文化建设的重点内容

为了不断提高慈善救助水平，优化整合慈善资源，更好地为困难群众服务，近年来，浙江省各地通过不断探索、创新和实践，初步形成了各具特色的慈善救助体系。以湖州市为例，在科学救助理念的指引下，以项目为导向，搭建平台，在助学、助医、助困、扶残等多领域开展慈善救助活动，形成了比较成熟的慈善救助十大项目，创立了自己的慈善品牌。如“慈善关爱送万家”项目作为湖州市的品牌慈善项目，自2004年首推以来，荣获“浙江慈善奖”项目奖，主要通过节假日走访慰问低保困难家庭、开展困难群众医疗救助活动，组织特困家庭、福利院和敬老院孤寡老人儿童以及外来务工人员共吃“慈善年夜饭”等活动，为困难群众排忧解难。自活动开展以来，累计支出善款1200万元，惠及困难群众数万人次。除此之外，还有爱心助学项目、困难群众大病救助项目、贫困少儿先天性心脏病救治项目、扶助贫困乡

① 关于印发《瑞安市社会组织服务平台建设工作方案》的通知，瑞安市民政局，http://www.ramz.gov.cn/zxwj/278108.shtml（2015年1月10日上网）。

镇学校建设项目、造血扶贫项目、困难职工创业扶一把工程项目、支持特殊教育事业项目、五月阳光关爱贫困母亲项目、洁净太湖水公益项目等。正是由于慈善项目化、项目品牌化，使得慈善理念可以真正落到实处。

以长兴县百灵公益为首的多家公益性社会团体联合发出号召，邀请市民共同建立“爱心中转站”，呼吁市民将闲置的物资再利用，经过“爱心中转站”统一整理捐献给需要它们的困难群体。“爱心中转站”的宗旨是市民根据自身条件合理选择参与公益的方式，在政府的正确引导和社会组织的积极带动下，打造一个全民参与公益，奉献爱心的平台。截至2015年1月，多家爱心商家已认领了“爱心中转站”场地支持、照明安装等基础设施，更有大量市民自发认领站点不锈钢管、整理箱、消毒器具、纸箱、衣裤架等物资，利用闲置物品，变废为宝，为“爱心中转站”的建立出一份力，为需要帮助的困难人群献一份爱心。

杭州市江干区慈善总会按照“成系统、创品牌、宜推广”原则，建立定向救助机制，开展慈善救助品牌建设，实施“幸福共享工程”，工作内容包括：安老、助孤、助医、助学、助残、扶贫、济困、赈灾、帮助进城务工外来人口等慈善项目。

总之，浙江省慈善事业与文化的发展，诠释了“为政府分忧，为百姓造福”的慈善真谛。经过多年的发展，慈善组织逐步走向多元共存，并呈现出组织专业化、规范化、慈善捐赠多样化态势。慈善文化在慈善事业发展过程中，也逐步形成了平等互助理念，其核心的利他主义价值观得以发扬。正是受中国传统文化和浙江区域文化的双重影响，再加上浙江地理位置的优势和经济的高速发展，辅之以政府的扶持，浙江形成了自己独具特色的慈善文化，而“贴心向善”的慈善文化成为浙江民政文化的重要组成部分。

三、浙江慈善文化的两大来源及其理念

慈善是我们人类共同的美德，在古希腊和古罗马时代就有社会救助的传

统。中国自古以来孔子说仁，孟子讲义，墨子兼爱，这都是与慈善有关。中国的慈善事业历史上也早有记载。宋代的养老扶幼，到明清的时候出现了民间慈善群体，在历史上都是有记载的。

我国慈善文化是个动态发展的过程，从秦汉到明清再到民国时期，慈善文化源远流长，在不同的历史时期呈现出不同的形态，体现了人类历史丰富的文化内涵。中华人民共和国成立后，慈善事业及其文化在曲折中延存，尤其到了改革开放以后有了长足的发展。浙江慈善文化继承了中国传统的慈善文化传统，本身也构成了其中一个重要的组成部分，以“人道主义”和社会主义核心价值观为代表的社会主义价值体系成为浙江慈善文化建设与发展的另一个重要来源与依据。

（一）中国慈善文化传统与中国现代慈善文化

中华民族历来乐善好施，中国传统的慈善文化历史悠久，不仅结合每个时代的特征，而且吸收优秀的外来文化。我国的慈善文化，主要的历史渊源有以下几方面。

1. 以“仁爱”①和“救国”②为代表的中国优秀的传统文化

首先，以“仁”为核心的中国古代传统文化。儒家思想是中国慈善文化的根源所在，儒家思想以“仁义”为核心，孔子宣扬“仁者爱人”“老吾老以及人之老，幼吾幼以及人之幼”“出入为友、守望相助、疾病相扶”；孟子提出“性善论”“民贵君轻”，主张“兼济天下”。这些思想主张，都是中国慈善文化的最初养料，虽然都强调以个体为基础为原点，但都要求人们先内修，再助人，最终使得全天下人受惠。西汉末年，佛教经西域传入我国，以功德论为核心的佛教慈善思想，与传统慈善文化相结合，逐渐演变成中国

①② 蒙长江：《中国传统慈善文化的历史沿革及现实挑战》，载《西南民族大学学报》（人文社会科学版）2005 年第 26 期，第 43—47 页。

古代传统慈善文化的重要组成部分。佛教信奉“功德论”，强调通过“布施”“修福田”等方法行善积德；“慈悲观”更是佛教教义的根本，对民众有很强的吸引力。特别是佛教经本土化以后产生的观音菩萨形象，更是遵奉慈悲为怀，普度众生，救济人间一切苦难，完全就是慈善的化身。汉唐时期寺院组织实施赈灾济贫，宋元时期官方负责养老慈幼，明清时期民间慈善团体活动高涨，这些都奠定了近代以来中国慈善发展的根基。

其次，以“救国”为核心的近现代慈善文化。鸦片战争后中国进入内忧外患的半殖民地半封建社会，救亡图存的使命落到每一个个人和团体肩上。因此，慈善也有了更深一层的含义，即欲救人必先救国。而西方帝国主义的入侵也带来了独具西方色彩的慈善文化，使传统的慈善文化增添了新的内容，如慈善是人类共同的美德；慈善不仅是救穷，更关系着国家民族的兴衰等。

2. 以“人道主义”和社会主义核心价值观为代表的社会主义价值体系

首先，新中国成立后，建立起了与计划经济相适应的慈善文化，同时赋予了新的时代内容，即“社会主义的人道主义”“人民政府爱人民”①。受计划经济体制和共同富裕理想的影响，此时的慈善文化不仅具有了尊老爱幼、父慈子孝、邻里和睦、相互关心、相互帮助的实质性内容，更因为人人投入到生产生活中，使得贫穷、饥饿、无家可归等现象有了改观。政府在慈善事业中扮演着包揽全局的角色：不仅给全体成员以相同福利待遇、保障全体成员就业，而且负责调控全国范围内出现的一切自然灾害损失等。

其次，慈善与当代社会主义核心价值体系相互作用。党的十六届六中全会第一次明确了社会主义核心价值体系的内容，即马克思主义的指导思想、中国特色社会主义共同理想、以爱国主义为核心的民族精神和以改革创新为核心的时代精神、以“八荣八耻”为主要内容的社会主义荣辱观。随后又

① 蒙长江：《中国传统慈善文化的历史沿革及现实挑战》，载《西南民族大学学报》（人文社会科学版）2005 年第 26 期，第 43—47 页。

进一步明确了社会主义核心价值观是社会主义意识形态的体现，是“兴国之魂”。在国内外环境日益复杂的今天，社会主义核心价值体系不仅与中国传统文化和人类文明相承接，更有利于增强民族凝聚力、巩固共同理想、建设和谐社会、促进社会道德进步。慈善作为社会主义核心价值体系不可或缺的一部分，不仅从物质层面更从精神层面丰富了社会主义核心价值体系建设的内容，两者相互作用。一方面，社会主义核心价值体系的提出为慈善事业明确了方向。社会主义核心价值体系的提出不仅有利于提升公民的道德水平，增强乐于向善的社会责任意识，而且能以其独特的感召力鼓舞全体成员团结向上，将理论付诸实践。另一方面，慈善文化对于建设社会主义核心价值体系亦具有促进作用。慈善文化是社会主义先进文化的重要组成部分，其倡导的“我为人人，人人为我”的互助观、“善行天下、大爱无疆”的博爱观和“行善积德、扶贫济困”的利他主义等，包括由此形成的普适价值、责任意识、志愿意识等，都是社会主义核心价值体系的重要组成部分。这些观念意识不仅传承了中国传统的优秀文化，更因其具有的教化作用对社会主义精神文明建设有很大影响，弘扬慈善文化在某种程度上就是弘扬社会主义核心价值观。由此，慈善事业和慈善文化不仅汲取了社会主义核心价值体系内其他部分的养分，更以其独特的作用对建设中国特色社会主义、实现中国梦具有重要作用。

（二）浙江本土价值观念与现代慈善文化理念

浙江省一直致力于发展“向善”文化，其慈善理念的形成得益于数百年来地区价值观的积淀。在当前文化大发展、大繁荣的时刻，以弘扬当代浙江人的共同价值观为契机，浙江省不断推动以“公民精神”为核心的“向善”文化建设，把推动慈善文化建设与社会主义文化大发展大繁荣结合起来，逐步建立起以“向善”为核心的浙江慈善文化品牌。

1. 浙江本土价值观与慈善文化的发展

浙江特殊的地理位置造就了浙江人经商的冒险意识。早在几百年前的南宋，杭州已成为世界第一大城市，人口已突破100多万。受浙东学派、传统佛教文化和清代江南地区广播的善书影响，浙江本土的慈善意识不断增强。随着经济的发展与财富的集中，浙江贫富分化呈现两个特征：第一，浙江一部分人早早已经先富起来，第二，浙江的富人相对于外省份更多。这种贫富分化的特征刺激了浙江省本土的慈善事业与慈善文化的发展。

到了近代，浙江的慈善事业已经领跑全国，例如宁波地区由于经济的发展，使得很多商人投身慈善事业，形成具有组织性、创新性、独立性等独具地方特色的慈善文化，“宁波帮”慈善组织更具典型意义。“宁波帮”指的是“旧宁波所属的镇海、慈溪、鄞县、奉化、定海、象山六县及附近地区旅外的商人群体”①。在开埠后的上海稳住脚跟并完成资本积累后，具有雄厚经济实力的“宁波帮”因心系故乡而投身于故乡的慈善事业，为宁波的近代化转型作出了巨大贡献。他们不仅注重慈善活动的组织性，成立了以“四明公所”为代表的慈善组织，同时与时俱进，结合时代特征，运用先进技术创造出“义赈”和“以工代赈”等手段使得其慈善行动可以惠及更多的人。此外，“宁波帮”十分注重对故乡教育事业的投入，他们创办了与传统私塾有很大区别且具有实用性的新式学校，眼光不仅关注到国内的经济发展，更兼顾世界潮流，如储才学堂、中兴学堂等惠及了包括邵逸夫、包玉刚等后世名人。

到了当代，浙江省形成了以“务实、守信、崇学、向善”②为内涵的浙江人共同价值观。2012年6月，中国共产党浙江省十三次党代会在十二字浙江精神的基础上，提出了“务实、守信、崇学、向善”的浙江人共同价值观。这十二个字不仅凝练了千百年来浙江省内的社会价值观，更体现了社会主义核心价值体系的重要方面，为建设“两富浙江”提供了理论支撑。务实，也即实事求是、讲求实效。慈善事业首要解决的是资金问题，为了解决很多慈善

---

① 王仲：《近代宁波帮慈善事业对当前慈善文化建设的启示》，载《宁波职业技术学院学报》2013 年第 1 期，第 53—56 页。

②《“务实、守信、崇学、向善”时代呼唤共同价值观》，浙江在线新闻，http://zjnews.zjol.com.cn/05zjnews/system /2012/06/10/018563769.shtml（2015 年 1 月 10 日上网）。

组织面临的资本瓶颈，相关部门秉承务实精神，于2011年制定了《浙江省志愿服务条例》，由政府和企业成立相关基金，通过政府购买服务等方式，扶持民间公益组织发展，提供切实全面的保障使其活动可以正常开展。守信，即尊重规则、信守承诺。浙江历史上很早就倡导“以利和义”“义利并重”，并由此建立起讲义守信朴素的诚信观。诚信作为社会主义荣辱观的重要方面，是现代社会文明之基。正因为坚守信用，才使得一批批无私奉献的慈善家志愿者甘愿奉献，坚守岗位，为社会服务。崇学，即崇尚学习、善于创造。浙江自古名人荟萃、文化繁盛，具有崇文重学的文化底蕴，形成了浙江人特别爱学习、能吃苦、善创业的文化传统。慈善事业是一项需要活力的事业，因此必须以崇学为动力，以“宁波帮”为榜样，善于运用现代技术，不断更新慈善手段，使得慈善事业得以与时俱进，惠及更多需要帮助的人。向善，即人心向善、从善如流。它赋予了厚德、宽容、助人、尚礼等传统美德以“奉献、友爱、互助、进步”[①]的新内涵。受此影响，乐善好施、人心向善是浙江人的生活常态，贯穿于浙江人生活的方方面面。向善精神作为强大的精神力量一直鼓舞着民众在慈善的道路上昂首阔步。“务实、守信、崇学、向善”作为浙江人共同价值观的提出，正说明了政府提倡的基本价值理念对慈善的牵引与重视。

综上所述，正是受中国传统文化和浙江地区文化的双重影响，再加上浙江地理位置的优势和经济的高速发展，辅之以政府的扶持，浙江形成了自己独具特色的地域慈善文化，这也是“贴心向善”的浙江民政文化的重要组成部分。

2. 现代慈善文化理念

根据国内外经验，慈善事业的发展依赖于良好的“人文关怀”的社会环

① 周燕：《共同价值观：壮大浙江志愿服务的精神基石》，载《观察与思考》2013年第12期，第62—63页。

境，而这种社会环境必须有相应的文化作为依托和激励。时代的变迁，使得传统慈善文化理念已经无法满足日益多样化的现代慈善需求，因此，重构慈善文化，发展慈善文化是当前一个重要命题。基于慈善事业的目标宗旨，弘扬利他主义价值观，必须确立下述“五个理念”①。

第一，平等互助的理念。

首先，政府、企业、社会组织分别作为第一、第二和第三部门，具有各自的社会职能，三者共同作用方使得社会有序运转，因此，这三者之间应该是彼此平等的伙伴关系。其次，现代慈善事业是公益事业不可或缺的部分，“超越了施舍恩赐的本义，而具有建立在人格平等基础之上的相互帮助、共同进步的新内涵，帮助弱者等同于帮助自己，帮助了社会，更实现了自身的生活理念和价值目标”②。

第二，依法行善的理念。

改革开放至今，经过多年的发展，我国的慈善事业已经具备扎实的基础。特别是历经了1998年抗洪救灾之后，民众的慈善意识有了空前觉醒，慈善事业发展突飞猛进，破除了种种“左”的观念的束缚，改变了以往“羞于示人”的尴尬局面。慈善事业的快速发展，也暴露出了原有制度的种种缺陷。积极扶持、规范管理慈善事业需要更加健全的法规政策，依法治国必然少不了依法行善。

第三，企业公民的理念。

现代社会里“企业公民”不仅是国家的法定公民，有权利和责任为和谐稳定社会的建设作出贡献，更是慈善事业的主力军，企业的成功不单单是超额利润的实现，还包括企业社会责任的履行。企业家是衡量经济发展程度的重要社会力量，慈善家是衡量社会文明程度的重要标志。树立企业公民的理

---

① 请参阅上海市慈善基金会、上海慈善事业发展研究中心所编：《转型期慈善文化与社会求助》一书中的“慈善文化价值观与我们的使命”，上海社会科学院出版社，2006年版。

②《慈善事业：和谐社会构建的题中应有之义》，安康汉滨民政，http://hanbin.mca.gov.cn/article/gzjl/201303/20130300431608.shtml（2015年3月10日上网）。

念，就应积极推动慈善事业的发展，为企业履行社会责任、慈善家回馈社会开辟道路。

第四，慈善无界的理念。

社会化和开放性是现代慈善事业区别于传统的重要标志。慈善不仅是全人类共同的事业，更是全人类共同的精神家园。由于行政体制划分导致的狭隘地方观念，严重偏离了现代慈善事业进步发展的理念，更由于地方封闭式援助机制，严重偏离现代慈善事业发展的价值观，为此要树立起慈善无界、大爱无边的理念，创新慈善模式，强调地区间相互协作，共筑一方有难、八方支援的慈善平台，强化“大慈善”的观念。

第五，开拓创新的理念。

党的十八大强调“支持发展慈善事业”，将慈善事业摆在当前国家工作的重要位置。树立开拓创新的理念，要求我们在借鉴发达国家和地区慈善事业发展的先进经验时，必须取其精华，去其糟粕，认清体制和文化背景的差异，因地制宜，结合自身经验，开创符合我国国情的现代慈善事业新局面。

四、浙江省慈善文化建设存在的问题与发展对策

（一）存在的主要问题

传统慈善文化基本上是一种“官帮民”“富帮穷”的文化，这种文化的基本假设认为，慈善是一种官府、富人对于贫穷百姓的帮扶，在这样的基本假设下，社会是一种割裂的分层，要么是官府与民众的割裂，要么是富人与穷人的割裂，在这样断层与割裂的社会形态中，慈善文化一开始就没有把人与人之间的平等放在首位，在实际的操作中，这种传统性的慈善文化的确可以帮助一些困难群体解决实际困难，但在社会公平与社会凝聚力上并没有实质性进步。此外，随着网络的日益发达，普通民众的声音越来越多，在诸多社会热点中尤其是公众的评论中，“仇官”“仇富”的声音越来越多，其中不乏偏激的网民，不论政府做什么事或者富人做多少善事，这部分人都有一

些对抗的心理。而且很不幸的是，中国的媒体似乎在引导公众舆论、消解社会对立情绪方面，成绩有限，形成官方报道与网民舆情的偏差，这种偏差导致社会中政府、富人与困难群体之间矛盾加深。如果仅仅依靠宣传弥合不了社会之间的对立，那么民政工作，尤其是慈善工作，应该承担起更多的责任。

传统社会都强调以家族与同乡来维系人与人之间的关联，来聚合社会，以个人主义为基础的现代社会，更加需要建立和维系人与人之间的联系。目前中国社会的聚合，主要是由政府的文化与宣传部门来完成，但这些政府部门的聚合工作因为缺乏实质的利益分享，对于富人、普通民众，尤其是困难群体而言，多少有点“口惠而实不至”，更谈不上参与互动，实现跨阶层的“相互聚集”与“相互融合”。从文化角度提倡慈善，可以从实质利益分享层面，让社会民众找到归属感。考察中国当前的慈善工作包括浙江省的慈善工作，主要面临以下两个问题。

第一，“慈善不善”问题。指的是当今慈善事业发展的一个非常突出的问题，管理不善。中国的慈善事业总是“新闻”不断，这些不断出现的爆料与黑幕，不禁让人们反思，中国慈善事业管理不善，这其中的关键问题究竟是什么？当政府、社会组织或者个人开始启动慈善事业的时候，他们都是抱着一颗颗赤诚之心去帮助别人，但结果往往是“好事没做好”。我们认为，这和激励机制的缺失有莫大的关系，这其中，慈善组织者的激励机制不够，对于富人的激励机制不够，更重要的是，对于普通民众的激励机制也不够。

任何组织都需要可持续发展的动力，中国的慈善组织也不例外。中国慈善组织面临的一个突出问题是，自身的独立性缺乏保障。要么是政府的附庸，要么是富人的附庸，在自身的可持续发展上没有强大的可持续发展动力。没有长期的目标与信誉的追求，慈善组织，无论是官办还是民办，都不可避免产生一些短期行为，比如在捐款款项上进行暗箱操作、中饱私囊，罔顾了捐款人的一番赤诚之心。中国法律规定慈善组织不能进行营利行为，但此种营利行为如何界定，没有细则，这样就导致慈善组织正当与合理发展有可能进入灰色领域，打压他们努力为捐款人与受款人服务的积极性。

今天，中国有关勤劳致富的宣传已经非常到位，政府鼓励人们通过自己的努力挣钱，过上富裕的生活。正如邓小平同志所讲，“让一部分人先富起来”。但是中国富人有着别样的尴尬，大部分中国人有“为富不仁”的观感，目前普通民众的这种心理认知，有不少富人即使不会“为富不仁”，但为了减少个人受这些偏见的影响，“财不外露”成为他们秉持的基本理念。不敢暴露财富的状态，他们不乐意在公开场合捐款。这些富人不仅不敢捐，还存在不愿捐现象。同西方国家的富人的捐款相比，中国富人还面临捐款的补偿机制不足，突出问题就是个人捐款的免税程序过于复杂，打击他们捐款的决心。

不仅富人的激励机制不足，普通人的激励机制也不足。前面提及的慈善组织发展暴露出的问题，已经让普通民众对慈善组织失望，他们不愿意将自己辛苦挣来的钱交给没有公信力的慈善组织，同时面临有关个人税收免税的复杂规定，他们也和富人一样没有动力将慈善行为持续下去。此外，普通人的激励机制还面临着形式比较单一、参与途径较窄的问题。慈善行为不能仅仅是捐钱，在现代社会，慈善行为应该是每个人能够跨越自己行业、收入和教育水平的差异，一起参与社会公共对话的最好载体。

第二，“慈善不慈”问题。它体现的是当今慈善事业发展的另一个重要问题，人心的疏离。现代化发展的必然结果，是人与人之间的距离越来越远，工作与居住地的不停变迁，工作的压力日益剧增，家庭越来越原子化，等等，人与人之间很难找到曾经的相互依赖与相互帮扶的感觉。慈善事业本身应该是相互温暖、相互照顾、聚热发光、温暖人心的一件事情，但在今天，中国慈善事业的发展也不可避免地沾染了现代化的一般性特征，人与人之间的疏离。前面所讨论的“慈善不善——管理不善”的问题即使没有，假定慈善事业发展的管理达到预期目标，慈善事业还是没有能够达到聚合社会人心的目标。慈善事业在形式上以捐钱为主要形式，在活动上以富人和穷人为主要对象，在形式与参与群体上的狭窄操作，导致了慈善企业演变成为两个对立阶层间的临时妥协，这不是一个社会正常的整体聚合，更难以消除彼此间的分歧。

（二）对策

随着经济社会以及慈善理念的更新发展，传统意义上的“慈善”观念不再完全适应当今社会的发展。浙江省从上到下都在积极打造慈善文化，慈善文化建设是慈善事业永葆活力的重要保障。浙江省积极与媒体合作，发挥宣传鼓动作用，适时推出慈善项目，评选慈善之星，策划赈灾行动，开展各种慰问，组织专题采访，报道爱心故事，等等，为建构慈善环境起到了重要促进作用。同时，与企业合作，创新企业文化，建立慈善基金，开展公益营销，履行社会责任，建立互动双赢的“伙伴关系”。与文艺界合作举办义演、义赛、义拍，编印出版慈善书刊，组织慈善艺术类活动等，推动了慈善文化的普及和提高。正是通过慈善文化建设，浙江省慈善事业发展才获得了恒久的动力，不断步入新的发展阶段。经过20多年的发展，浙江省从政府推动型慈善，发展为“党政推动、社会参与、民间实施”的复合型慈善；从传统的慈善活动发展到“慈善年夜饭”及近两年策划推出慈善嘉年华活动，不仅扩大了浙江省慈善事业的社会影响力，更建立起了独具特色的省域特色慈善文化。

1. 现代慈善理念的普及与宣传

国务院《关于促进慈善事业健康发展的指导意见》（国发［2014］61号）明确指出：“加大对慈善工作的宣传力度。要充分利用报刊、广播、电视等媒体和互联网，以群众喜闻乐见的方式，大力宣传各类慈行善举和正面典型，以及慈善事业在服务困难群众、促进社会文明进步等方面的积极贡献，引导社会公众关心慈善、支持慈善、参与慈善。要着力推动慈善文化进机关、进企业、进学校、进社区、进乡村，弘扬中华民族团结友爱、互助共济的传统美德，为慈善事业发展营造良好社会氛围。”

全面贯彻落实国务院文件要求，政府应该抓住当前进一步加强文化建设这一契机，在社会主义核心价值体系的框架中，组织对中国特色社会主义事业中慈善文化和具有浙江特点的慈善文化研究，进一步弘扬慈善文化，推动慈善理念在浙江的现代化。在我们的问卷调查中，一位民政干部有很好的表达："关于慈善，我们一定要有一个清醒的认识。很多从事慈善工作或者慈善研究的人，一直在强调慈善和中国传统文化的渊源，这是对的。但我们同样要认识到，今天意义上的慈善是现代化的产物，是当代的产物，跟中国传统慈善文化并没有必然的联系。中国传统的慈善不具备全民性。今天的慈善跟过去不同，慈善的制度化、全民化、结构化、专业化都是现代性的必然要求。"

2. 重视慈善文化的市场化与大众化建设

谈及"市场化"，涉及一个基本前提，那就是什么是市场化，以及市场化如何进行操作？在现有慈善文化的研究中，对市场化有两种截然不同的观点：一种是中国的慈善组织在过度行政化的背景下，需要通过市场化来改变中国的慈善组织，"市场化不仅仅意味组织运作方式的改变，即从半官僚机构转向企业化运作模式，同时也意味着与政府机构关系的重塑，即从对政府的依附关系转向平等、相互独立的伙伴关系"①。另一种观点认为："以利己为核心的市场价值观念的过度尊崇和泛化，使得市场交换逻辑超出了商界范围，渗透到社会生活的方方面面，几乎成了大多数人的思维方式。在这样的情况下，慈善事业所需要的社会大众无私、慈爱、友善、互助的社会价值基础就十分脆弱。"②

其实，两种不同观点的争议并不在于需不需要市场化，而在于他们对于

① 罗文恩、周延风：《中国慈善组织市场化研究——背景、模式与路径》，载《管理世界》2010年第12期。

② 任振兴、江志强：《中外慈善事业发展比较分析——兼论我国慈善事业的发展思路》，载《学习与实践》2007年第3期。

市场化本身的界定有偏差。从两者的对比可以看出，对于支持市场化的学者而言，市场化意味着一种组织管理方式；对于反对市场化的学者而言，市场化就是追逐私利，满足个人的需要，而不是他人的需要，这似乎与慈善的无私奉献相违背。基于中国慈善事业的第一问题，即管理效率不足的问题，如何提高组织管理效率，就成为进一步发展浙江省慈善文化的重要内容。我们采用第一种界定，也就是把市场机制与方法运用到慈善事业的管理当中，而不是认定市场化就是唯利是图。在我们的问卷调查中，一位民政干部是这样表达的："慈善文化要向西方学习，要走向市场，走向社会，要大力发展社会慈善组织，要动员社会力量创新慈善救助体系，政府职能转变为管理、服务职能，也就是政府搭台、社会组织唱戏，只有这样，慈善工作才会有动力、活力和生命力。"

依靠市场化，浙江特色的慈善文化也可以得到更多发展，在全国走出一条独特的慈善文化之路。市场化不仅是传统社会向现代社会转变的一条必行之路，这条路径的选择与浙江省的省情也更为契合。前面有提及浙江的慈善文化中强烈的"浙江特色"，如何发扬这一特色也离不开这一路径选择。

在具体操作上，市场化意味着制度化、公开化与产业化。这三方面的核心，都是为了充分调动参与者的积极性，不是依靠单纯的说教，更多的是激励机制的引入，共同参与，共同发展。浙江省慈善工作已经在这些方面作了很多努力，在今后工作中要将这三个方面的工作进行更加系统、全面的建设。制度化意味着慈善制度的完善与创新。从完善上说，慈善事业多年来面临的一个瓶颈，就是如何从税收上简化程序，鼓励民众积极捐款，如果能从法律上完善个人或者企业捐款免税制度，就能调动更多的人参与其中。从创新上来说，浙江省慈善事业已经作出很多的努力，包括浙江省慈善总会提出的"留本冠名慈善基金"充分调动了企业家的积极性，但是在形式上还可以有更多的做法来吸引大家[①]。要树立"依法行善"的观念，积极向政府建言献

① 李刚：《浙江慈善市场化运作创新路径》，载《今日浙江》2009年第10期。

策，配合政府完善公益事业法制环境，研究解决捐赠、救助、投资、监督中遇到的各种问题，尤其要统一捐赠优惠政策和解决发展成本问题。要通过建立法制环境，推动慈善事业发展的各个环节更加规范，使“玻璃瓶”事业真正成为大众的事业、社会的事业。

在公开化方面，无论是慈善组织对外信息的发布，还是邀请社会公众的参与，公开化首先是一剂防腐剂，断绝慈善领域各种腐败源头；公开化还是一剂营销的催化剂，对于企业来说，公开参与是它们追求市场效益的重要内容，是企业营销的重要组成部分，这样企业的广告支出会有一部分变成慈善捐款；公开化也是扩大普通民众参与的一剂催化剂，民众需要知道慈善组织如何帮助他们，怎么帮助他人。

有关产业化的操作上，慈善组织可能还存在困惑，不以营利为目的组织怎么来实现产业化？这一点浙江省也有所探索，比如浙江省慈善总会提出“经营慈善”的理念，但是除了理念之外，他们还应该有更多的行动。我们拿美国慈善事业产业化为例来说明产业化如何落到实处。美国有个很大的连锁商店叫“GOODWILL”（好人好心店），这是一家二手商品店。商品的来源是任何个人，无论贫富，都可以将家中不用的家具、厨房用品、书本，甚至个人衣物，整理干净后交给商店，商店即刻给他们开具免税证明，供提供者来年报税时减免税收，商店同时对商品进行再整理与消毒，放置于商店中供大家购买。由于商品价格非常便宜，吸引了不少顾客，这些商品的营业额又维持了整个连锁店的生存与发展，在全美各地开业。如此一来，做善事不仅能帮助别人（无论是捐物者，还是购买者），还能提供很多就业机会，给当地经济作出贡献。浙江省慈善事业的产业化，也可以找寻一些多方共赢机会，既能帮助别人，还可以繁荣当地经济。

为了解决“慈善不善”和“慈善不慈”这两个问题，我们认为，浙江省慈善事业发展不仅应该重视市场化，还应该重视大众化。市场化是解决慈善组织激励机制不足问题，目标是为了提高效率，大众化是解决中国社会变迁中社会聚合问题。譬如美国的人心聚合，也有过早期贫富激烈的冲突、种族的冲突，这在今天的中国似乎都有一些反映，但不能简单地把中国的今天等同于美国的昨天，因为这两个国家在基本政治制度、基本传统文化上是不一样的。

慈善现代化的关键，是将慈善事业从一种“官帮民”或者“富帮穷”转变为社会公众共同参与的事业，也就是大众化。大众化，是将慈善事业从一种“官帮民”或者“富帮穷”转变为社会公众共同参与的事业，大众化可以凝聚现代化中不断分离的人心，可以在这个社会冲突不断增加，社会情绪不断堆积的背景下，弥合人与人之间的鸿沟。大众化也就是普及化，所谓普及化，就是使社会人人都有慈善理念，都参与慈善活动，都实施慈善救助。目前，我国慈善事业参与度还远远没达到普及化程度，对慈善事业缺乏全面、正确的认知。随着慈善组织的建设和发展，慈善活动的日益经常化，慈善宣传的日益加强，慈善必然会走进千家万户，成为所有人的自觉意识和自觉行为。普及化是慈善事业发展的必然趋向与最终目标[①]。例如，余杭的慈善工作，就是由慈善总会牵头，在镇、街、村、社区的慈善分会和慈善工作室中分别树立典型，引领全区上下营造浓厚慈善氛围，积极引导重点企业设立慈善基金会，发挥社会力量多方参与慈善，树立余杭企业负责任的社会形象。有学者认为：“慈善的目的不只是为了解除贫困者的痛苦，维持良好的社会秩序，也是为了促进社会发展，使人性化生活处于最佳状态。”[②]在具体操作上，大众化是通过最大的可能途径吸引更多的人参与，在形式上不仅仅是捐钱捐物，或者捐时（做义工），还可以让社会上更多的人知晓与参与。在慈善事业的发展上，通过大家自愿与平等参与，可以把慈善事业做成一种民众相互对话的载体。比如在做义工或者义卖时，参与者走出自己平时的工作单位和社区，相互之间有更多交流，增加不同社会阶层的对话，消除相互之间的隔阂。这种慈善事业温暖的不仅是受帮助的人，而且温暖的是每个参与的

① 周秋光：《中国慈善文化：历史与现实》，爱思想网，http://www.aisixiang.com/data/34606.html（2015 年 3 月 10 日上网）。

② 何小青：《慈善文化与消费伦理的价值契合及建设路径》，载《浙江学刊》2010 年第 1 期。

人，在群体互助中找到相互的认同感与归属感。如此，现代化带来的诸多贫富差距、城乡差距、代际差距才会找到社会内生的凝聚力。政府尤其是民政部门，应大力发展大众化的慈善理念，在新闻媒体上鼓励普通民众通过多种多样的形式参与到慈善活动中来。我们问卷调查中一位民政干部是这样表达的："慈善事业是社会公益事业，慈善事业的发展离不开社会的支持与参与。弘扬慈善文化所要达到的境界就是要在全社会造成浓郁的'人文关怀'的氛围，减少冲突，调和矛盾，使社会呈现一种稳定和谐的状态。每年均有冬季送温暖和夏季送清凉的活动，防止在街面上的流浪乞讨人员受到外界环境的伤害。"

3. 活动形式与抓手切入点

慈善文化的实行离不开多种多样慈善活动的实施。做慈善工作，不仅是物质救济，更多是弘扬慈善观念，塑造人人乐善好施的社会环境。要通过策划举办义演、义拍、义卖、义诊等各种形式的慈善活动，扩大慈善事业的社会影响力。要通过评选"慈善之星""慈善人物""慈善大使"，举办"慈善活动周""慈善音乐会""慈善书画展拍""慈善一日"征文，表彰优秀义工、"慈善大使""慈善家"等，倡导慈心义举，营造慈善氛围，促进道德文明建设。还有企业与社会各界参与的新闻发布会与引导民众进行大讨论的慈善论坛这些活动都是慈善实施的有力抓手，也是切入点。例如，金华市福彩中心开展"五个一千"系列活动，以"福彩牵手·点燃梦想""福彩牵手·助圆大学梦""福彩牵手·梦想接力""福彩牵手·温暖回家""公益福彩·与你同行"5个主题分别对全市残困少年、贫寒大学生、困难高中生、外来务工困难家庭、当地困难家庭进行资助。

民政领域工作人员中，大部分都是直接与民众接触的人员，他们对各种制度措施的受青睐程度与重要性，都有着直观的把握。为了进一步了解哪些制度措施在促进相关民政文化的形成方面起到更加积极的作用，更受民众与基层民政工作人员的青睐，我们进行了相关的社会调查。2014年12月至2015

年1月，课题组分别从浙江省民政厅、11个地市级民政局、90个县（市、区）民政局，随机抽取了1023名调查对象，进行了《浙江省民政文化调查问卷》调查。数据（见表4–1）表明，在民政系统设置的一系列保障慈善文化的制度措施中，开设慈善论坛的重要性最高，有31%的受访者认为它最重要。而设置慈善明星评选方法与举行新闻发布会次之，都有大约22%的受访者认为它们重要。

表4–1　慈善文化的创新载体和抓手是什么

制度措施	频数	%
颁奖活动	338	16.2
新闻发布会	458	22.0
设置评选办法	468	22.5
开设慈善论坛	646	31.0
其他	174	8.3
总计	2084	100

从上述分析中，我们认为，在促进浙江省慈善文化的形成方面，开设慈善论坛、设置慈善明星评选办法与举行慈善信息新闻发布会这些制度性措施起到了积极的作用，在基层民政工作人员与民众心中均有良好的反响。

为了拓宽慈善活动与吸引社会民众的参与，政府应该从以下几点进行有机的结合。

第一，慈善文化活动要与社区文化有机结合。党的十六届四中全会决议指出，要“健全社会保险、社会救助、社会福利和慈善事业相衔接的社会保障体系”。这是在我们党的文献中，第一次把发展慈善事业作为社会保障体系的重要内容和组成部分，也是第一次把发展慈善事业提升到“最广泛最充分地调动一切积极因素，不断提高构建社会主义和谐社会的能力”的高度来认识。建议先从政府设在街道（乡镇）的社会救助管理事务所做起，通过购买服务，赋予这些组织帮困救助、社区募捐的双重功能。目前可以将社会困难群体的职业技能培训和经常性物资捐赠工作的职能，通过购买服务转交给慈善组织，支持和推动社会慈善事业发展。

第二，慈善文化要与中国传统文化，包括孝文化、家庭文化、邻里文化相结合，让慈善进入城乡社区，进入家庭。慈善文化的根一直深深地扎在中国传统文化的土壤里。可以说中国传统文化为慈善文化提供了思想渊源和构筑了核心价值体系。中国传统文化其实是一种宣扬性善的文化，积德行善、乐善好施成为中国文化的传统。从古至今，受传统文化影响的中国人，一直以此作为一种良好的行为规范。慈善对他人的关怀是一种家庭亲情的延伸，实践中可以让城市经济条件较好的家庭孩子帮助山区农村家庭条件较差的孩子，也可以对鳏寡孤独的老人进行志愿者服务，这一点浙江省有不少好的经验值得推广。台州市东溪单村自2010年设立村级孝心基金，以孝心基金的善款开展村级帮贫助老活动，弘扬孝亲敬老传统美德，营造上慈下孝的良好民风、村风，实现村居和谐。

第三，慈善文化要与社会组织发展相结合。随着普通民众越来越多参与慈善公益活动，这些公益组织的发展应该得到政府的支持与鼓励。浙江省为了鼓励社会公益组织的发展，采取了多项举措。例如瑞安市民政局进一步加大对公益组织的培育扶持力度，建立社会组织孵化基地和公益服务中心培育孵化公益组织，并从2013年开始，每年举办一届公益创投活动，在全国首创“政府定制+社会组织自选”双轨运行模式，两年来募集120余万元资助公益项目30个，受益群众超过15万人次。只有在组织化的运行中，慈善文化才会迸发出规模效应，让慈善文化成为一种社会广泛接受的理念。

五、小结

浙江省慈善文化源远流长。改革开放后，浙江慈善事业在政府与民间力量的齐心努力下走到了全国前列。慈善文化的进一步发展还需要把慈善事业放置在社会整体框架下，吸引更多的民众，让慈善文化成为凝聚社会跨越阶层的共同理念。政府在法律政策制定、机构构建上发挥主导作用，民众则在活动与组织建设上发挥更多的自主性，共同推动“慈心为人，善举济世”的理念深入人心。

第五章
文化养老：浙江省养老文化建设与发展

随着老龄化风暴席卷全球，“银色浪潮”成为我国现代化进程中始终面临的一个重大挑战。在经济发达的浙江省，人口老龄化趋势更加明显。1990年，浙江省65岁及以上人口占总人口的比重为4.26%，2000年，达到5.85%，到2010年这一比重已经上升到8.38%。根据浙江省统计局5‰人口抽样调查显示：2013年，浙江省常住人口老龄化进一步加剧，当年常住人口为5498万人，其中65岁及以上老年人口为564.1万人，占总人口的10.26%，比2012年增加25.2万人。如果以60岁及以上人口来计算的话，截至2013年年底，浙江省60岁以上老年人口达到897.83万人，占总人口的18.63%。以绍兴、宁波两市为例，绍兴市统计局相关数据显示，2014年末，绍兴市户籍人口443.04万人，其中，60岁以上人口96.29万人，占总数的21.7%；同年末，宁波市60周岁及以上户籍老年人口较2013年增加6.8万人，达到125.5万人，占户籍人口总数的21.5%。在人口老龄化与社会转型的双重背景下，中国社会出现了越来越多的养老社会问题，例如空巢老年人的生活得不到应有的照料；“富而不养”，一些老年人的精神健康堪忧；甚至有一些老年人无人照料死于家中而无人知晓。这些问题反映了中国传统社会的养老文化慢慢在社会发展中丧失作用，“父慈子孝”的和谐局面发生了改变。面对这种情形，浙江省各级民政系统，积极发挥作用，构建新型养老制度，培育新时代背景下的养老文化。正如浙江省民政厅厅长尚清所言，养老要“赋予丰富的文化内涵……如有的老年公寓取名‘金色年华’‘阳光小镇’，使人倍感亲切和温馨……在养老机构里专门设立颐乐学院，放大老年文化、老年教育的功能，让老年人发挥余热，老年人既是老师，又是学生，价值能够得到充分体现”[①]。本章简单回顾中国传统养老文化的历史渊源，总结浙江省养老制度与养老文化的现状，进而反思养老文化的困境并提出进一步发展文化养老之对策。

一、养老文化的历史渊源

（一）中国传统养老文化的根基和基本内容

人类社会早期，中西方的养老文化就有着许多差异。中国夏、商、周时期盛行宗法式大家庭，宗法式家庭从根本上是同宗的血缘组织，尊祖续后的宗法观念是核心。几乎同时的希腊氏族和行会却不是拥有共同祖先的血缘组织，他们共同崇拜的神与他们的祖先没有一种必然的联系。虽然不能说希腊早期的氏族和行会没有养老和抚幼功能，但他们成为西方家庭观念淡薄传统的某种历史反映。春秋战国时期，孔子和诸子百家均提倡尊祖续后的孝道，而同时期西方著名学者苏格拉底与普罗塔格拉关于道德与幸福的争论与主张中却几乎与尊祖续后的家庭观念不沾边，他们主张的是老年公养、儿童公育。

西塞罗则对个人责任进行了明确的等级划分：首先要对不朽的诸神负责，对国家负责，再对父母负责，最后才是对他人负责。古罗马社会虽依家长权的存在使扩展型大家庭盛行，但家庭中的代际关系往往不和谐：一方面，不少人不愿生育子女，却收养之风盛行，常出现放弃亲生子女而选择其他高素质的人作为继承人的情形；另一方面，因为家长权的存在出现了子女

① 尚清：《幸福养老——浙江养老服务业发展的趋势和目标》，载《今日浙江》2014年第20期。

仇恨父母的情形不在少数。这些都表明，中西方家庭观念在早期就有了比较明显的差异。中古时期的欧洲由三个完全不同的社会组成：自治城市社会、基督教社会和蛮族社会。在自治社会中，子女对父母的责任放到一个次要的位置；在基督教社会，人们信仰上帝和追求来世，放弃世俗生活，教会教导人们："忘掉父母，你自会得到巨大的回报。"在蛮族社会中，人们热爱独立和自由，崇尚冒险事业和以武力征服其他民族，作为武士的年轻人常常是家庭的中心，妇女和老人都要为武士服务，这些都不利于老年人在社会和家庭中得到尊重和赡养。而在工业化初期，西方人的家庭观念同样淡薄：老年人通过退休协议将农场或作坊交给毫无血缘关系的人也不是偶尔的事情，不仅如此，就算父母年老后将农场或作坊交给自己的子女，也不能表示养老观念深入人心。

中国自汉代开始盛行的世家大族式家庭和宋代以后的祠堂族长式族权式家庭，虽然在形式上与宗法式大家庭不同，但尊祖续后的孝道却得以延续，这些都体现在家训和家范之中。到了近代，祠堂族长的族权式家庭仍然盛行，人们的家庭观念浓厚，以至于西方早期来华的传教士都对中国家庭中那种多代共居、父慈子孝的状况赞叹不已。

中国传统意义上的养老文化基本上等同于"孝"文化，孝文化概括起来可以分为从物质方面孝养和从精神方面孝顺两大内容。

其中，物质方面的孝养又可以分为三点：第一，养父母之体。孝顺父母首先要赡养父母，让他们吃饱穿暖，更进一步的要吃好穿好。第二，慎重地保护自己的身体。《孝经·开宗明义》："身体发肤，受之父母，不敢毁伤，孝之始也。"儒家认为，自己的身体是父母身体之延续，承担着使父母的血脉得以传承的重任，不能使身体受到毁坏和伤害。最后，传宗接代。仅仅慎重保护自己的身体还不够，因为个人的生命是有限的，自己死了之后，父母留在这个世界上的血脉依然要中断，所以传统孝道观视传宗接代为一项十分重要的内容。"父母生之，续莫大焉。""不孝有三，无后为大。"在儒家看来，家庭的功能首推延续男子宗系，完不成这一重任，便是最大的不孝。

为了传宗接代，男子可以一再娶妾，甚至休妻另娶。古代律法的“七出”之条，即男子可以合法地休弃自己的妻子的七条理由，其中一条便是“无子”。

精神方面的“孝顺”也可以概括为三点。第一，养志。侍奉父母不仅要让他们吃好穿好，还要从细微的地方体察父母的意愿。虽然儒家也强调儿子觉得父母有不对的地方，可以委婉地劝说。但是父母如果不采纳，儿子不能强谏，也不能怨恨，还是要恭敬他，不违背他。第二，葬祭以礼。就是父母死后要按照礼的要求安葬父母，祭祀父母。这是为了使父母在子孙的思慕中得以不朽。其中，安葬父母，关键的是要有“哀戚之情”；祭祀父母，关键是要有“恭敬之心”。第三，扬名显亲。“立身行道，扬明于后世，以显父母，孝之终也。”古人认为，孝有大小，侍老奉养只是小孝，扬名显亲，才是大孝。

（二）中国传统养老文化的基本特征

以“孝”文化为主体的中国传统养老文化有如下特征。

第一，源远流长。根据传说，孝文化始于上古社会尧帝以前，因为尧帝选拔舜帝时，“孝”已经作为选择接班人的主要标准。《虞舜圣君大孝感天》讲的就是最早的一个孝故事。春秋战国时期随着《孝经》的传播，孝文化在我国逐渐成熟，汉朝将孝文化推向顶峰。清朝编写的《百孝图说》更将孝的榜样具体化。无论朝代如何更替，社会如何变化，孝文化在中国历史上都留下了深深的印记。

第二，普世有效。古代的“二十四孝”中孝无年龄大小之分，陆绩六岁怀橘孝母，老莱七十戏彩娱亲。孝无贫富之别，黄庭坚家有良田千顷，仍为母亲洗便器；蔡顺家无余粮，拾葚养母，两人孝心一样。孝无社会地位高低之分，文帝尝药，董永卖身，一个是皇帝，一个是长工。孝无男女之别，唐氏乳母，郭巨埋儿。孝无生死之分，王哀纯孝闻雷泣墓，丁兰刻木视死如生。孝无慈恶之别，老母慈，儿子孝，曾参至孝母子连心；后母恶，儿子也孝，闵子芦衣感化后娘。孝无远近之分，子路事亲百里负米，黄香九岁扇枕温席。孝无形式之别，寿昌寻母弃官不仕，黔娄尝粪，孟宗哭竹。孝无能力大小之分，杨香十四打虎救父，吴猛爱亲以身喂蚊。尽管这些故事有些例子在今天看来根本不足取，但在古代却成为“孝”文化的重要组成部分。

第三，永续不断。朝代的更替，外族的入侵，社会制度和宗教信仰的改变和变迁，都没有终止中国人对“孝”的追求，相反都对孝文化的发展有所改进。历朝历代都把不孝视为犯罪，并处以重罚，不孝则违反法律规范，孝的继承性可见一斑。

第四，注重发展性。当今社会呼唤孝文化的恢复与发展，发展孝的表现形式，办好社会公益事业，把个体的孝，发展到集体的孝；物质的孝发展到精神的孝；低级的孝，发展到高级的孝。社会的发展离不开孝文化的发展，因为脱离孝文化发展的社会，将是一个无序的社会，是一个混乱的社会。因此，孝文化应同社会发展息息相关，共同向前。

（三）中国传统养老文化的功能

养老文化是中国传统文化中重要的一部分，几千年来，它为维系家庭和谐、政治社会稳定、经济发展发挥了积极的作用。

首先，有助于老年人实现“老有所养”。孝文化首倡“养老”，这是孝文化对子女的最基本要求。古人云：“孝子之事亲也，有三道焉：生则养，没则丧，丧毕则祭。”这就要求，当父母在世时子女应尽奉养责任。特别是在我国古代经济条件相对落后、国家无力承担更多养老经济责任的前提下，这为老年人安度晚年提供了基本的物质前提。

其次，有助于老年人“情有所寄”。孝文化倡导“敬老”，即让老年人精神上得到慰藉，感情上有所寄托。因为老年人的生活不仅仅是物质上的满足，当物质生活基本满足后，他们更需要晚辈的尊重。孔子曰：“今之孝者是谓能养。至于犬马皆能有养，不敬何以别乎？”孟子也认为：“爱而不敬，兽畜之也。”因此，养亲必敬，只养而不敬，就不是真孝。

最后，有助于家庭的和谐、社会的稳定。家庭是社会的细胞，家庭的和谐状况必然影响到整个社会的稳定程度。家庭内部的和谐不仅仅是晚辈对长辈的关系，还有平辈之间的关系，亦即孝文化包含“孝悌”之意。有子曰：“其为人也孝弟，而犯上作乱者，鲜矣；不好犯上，而好作乱者，未之有也。”孟子也认为:“人人亲其亲，长其长，而天下平。”在封建社会早期阶段，由于孝道的约束，养成了人们温顺、礼让、兼爱的性格，在现代社会，这些“孝”的积极因素有利于使一个人向着《论语》所言的“温、良、恭、俭、让”发展，使之成为社会稳定和谐的积极力量。

二、浙江养老文化建设的现状

“老有所终”既是中国梦的重要组成部分，也是建设“两美浙江”的应有之义。浙江省是全国老龄化程度最高的省份之一，据统计[①]，截至2013年年末，浙江省60岁及以上户籍老人数占总人口18.63%，共计897.83万人，比全国平均水平高4个百分点，其中高龄化、空巢化趋势十分明显。面对人口老龄化的严峻形势，浙江省立足于老年人对“幸福养老”的美好向往，从顶层设计到基础落实，每个环节都在逐步推进本省养老文化建设，使养老服务的整体发展水平始终位于全国前列。

（一）政府行为的具体表现

浙江省属全国较早进入人口老龄化的省份之一，因而始终把养老服务体系建设作为改善民生的社会建设的重要内容来抓，从法律法规、政策规定等方面切实保障养老文化建设稳步向前。

1. 法律、法规保障

在全社会养老文化法制建设上，浙江省走在了全国的最前面。为了给养

① 尚清：《幸福养老——浙江养老服务业发展的趋势和目标》，载《今日浙江》2014年第20期。

老服务这一老年人的基本权益以法律法规保障，根据国家和民政部的有关法律、法规、规章，浙江省相继制定出台了《浙江省实施〈中华人民共和国老年人权益保障法〉办法》《农村五保供养工作实施细则》《民办非企业单位管理暂行办法》等地方性法规，同时还制定了《浙江省优待老年人规定》和其他多个养老服务的规范性文件。

2. 养老政策不断完善

2006年和2008年，浙江省政府先后下发了《浙江省人民政府办公厅关于促进养老服务业发展的通知》（浙政办发［2006］84号）和《浙江省人民政府关于加快推进养老服务体系建设的意见》（浙政发［2008］72号）；2010年浙江省被国家发改委、民政部列入全国基本养老服务体系建设试点；2012年，浙江省又将社会养老服务体系建设列为重点课题，出台了《浙江省人民政府关于深化完善社会养老服务体系建设的意见》，省发改委、省民政厅还制订了《社会养老服务体系建设“十二五”规划》；2014年，出台了《关于加快发展养老服务业的实施意见》和《关于发展民办养老产业的若干意见》。2015年，出台了《浙江省社会养老服务促进条例》并于3月1日起实施。除此之外，浙江省还通过相继出台的《居家养老服务与管理规范》（浙江省地方标准）以及《养老护理分级标准》《养老机构入住协议书》等涉及养老服务标准，切实保障浙江养老服务的规范化与标准化。在全省各地的共同努力下，浙江省养老服务事业全面迅速发展，在全国率先建立了社会养老服务体系基本框架，率先把市场机制引入养老服务业，率先实现了特困老年人集中供养，率先达到每百名老年人3张养老床位的目标，率先实现了城乡居家养老服务照料机构的基本覆盖，率先建立了养老护理人员教育培养体系等，基本建立了与浙江省经济社会发展水平相协调、与人口老龄化进程相适应的社会养老服务体系。为破解社会养老难题，浙江率先编制了社会福利发展规划，通过建立以居家为基础、社区为依托、机构为补充的养老服务体系，初步实现了适度普惠和服务均等化的目标。截至2011年，全省已建成城乡社区居家养老服务站2万多个，拥有养老床位数21万张，还建设了1.7万余个星光老年之家，让170多万农村老年人受益，基本上实现“老有所依”①，实现了从传统养老文化到现代养老文化的转型。

2014年12月至2015年1月，课题组分别从浙江省民政厅、11个地市级民政局、90个县（市、区）民政局，随机抽取了1023名调查对象，进行了《浙江省民政文化调查问卷》调查。来自嘉兴民政系统的一位受访者提供了一个很能说明问题的案例：“前段时间报道的嘉兴某社区的一对老夫妻，由于意外原因造成双双死亡，等远在上海工作的独生儿子回家时，老夫妻已经死亡多日。这篇报道出来以后，我感觉这种现象在如今独生子女家庭具有普遍性，假如这对老夫妻和周围邻居平时交流、沟通、活动等比较多的话，邻居可能会及早发现，假如有志愿者定期上门服务或得到特色照护的话，这样的情况也可能会得到及早发现，避免类似悲剧的发生”。根据这个案例，这位民政干部提出：“我们针对老龄化程度越来越高的现实，在加快发展养老服务业方面制订出台了一系列实施方案，关键是要抓落实。目标是到2020年，全面建成以居家为基础、社区为依托、机构为补充、信息为辅助，功能完善、布局合理、规模适度、覆盖城乡的社会养老服务体系，养老服务产品更加丰富，市场机制不断健全，养老服务业持续健康发展。”

3. 重在制度创新

为了始终保持养老服务走在全国前列，近年来浙江省探索创新了两个重要制度：一是养老服务需求评估制度，即通过对各地老年人进行身体状况、经济条件和入住养老机构意愿等多方面的调查评估，以此为依据，因地制宜，制定相关养老服务规划和补贴制度；二是政策性养老机构综合责任保险制度，即实行以政府主导、行业协会组织、保险公司参与运营的共担风险模

①《浙江是全国率先建立完善新型社会救助体系的省份》，《浙江新闻》，http://zjnews.zjol.com.cn/05zjnews/system/2012/05/21/018505603.shtml（2015年1月5日上网）。

式，以降低养老机构在遇到相关事故时的运营风险。这两大制度，不仅是浙江省养老服务的两大创新，更是切实落实养老文化建设的重大举措。除了这两项制度化的重要创新，省内不少地区还结合本地实际，积极探索社区养老的新思路。例如，杭州市余杭区创新养老方式，其“智慧养老”[①]项目被列入全市三家试点单位之一。发放“一键通”老年手机1346台，形成以老年手机为载体，“96345”便民服务热线为平台，政府购买居家养老服务、城乡社区便民服务网点、暖心工程项目建设为支撑的“三位一体”养老模式，通过“一部终端”“一个平台”“三张网络”实现“老人一个电话，服务即可到家”。海盐县[②]大力推进孝养文化建设，将“老年友好型城市”“老年宜居社区”“敬老文明号”创建工作列入县委、县政府年度重要工作，推进老年宜居环境建设，2014年有市级“敬老文明号”13家、省级6家，市级“老年宜居社区”10家，占城市社区的22%。结合美丽乡村创建、“三改一拆”“五水共治”等全县重点工作，统筹推进各类徒步绿道、健身点及休憩场所建设，有效提升老年人安养环境。

2014年，浙江省在认真研究养老服务业的发展规律和趋势后，又从5个方面提出了新的养老文化建设要求[③]：第一，实现机构和居家相融合的社区养老。家庭养老、社区养老符合传统的养老文化，在此基础上，进一步推进养老机构社区化、社会服务集成化、政策创制人性化，使得传统的养老文化能与时俱进。第二，实现医疗和养护相融合的健康养老。通过整合资源、提升服务、畅通政策来满足老年人最迫切的养老需求，提升养老服务的整体发展水平，真正做到“老有所养、老有所医”。第三，实现数据和服务相融合

①《余杭区多措并举推进智慧养老》，杭州余杭，http://www.yuhang.gov.cn/zjyh/jryh/dzdt/bmdt/201412/t20141224_971747.html。

②《浙江省海盐县扎实推进孝道养老工程》，中华人民共和国民政部，http://www.mca.gov.cn/article/zwgk/dfxx/201407/20140700661919.shtml。

③ 尚清：《幸福养老——浙江养老服务业发展的趋势和目标》，载《今日浙江》2014年第20期。

的智慧养老。通过数据信息化、服务社会化、应用智能化，以信息技术为载体，智能应用为手段，建立“智慧养老”体系，创新养老服务手段，使得老年人在家就可以享受个性化、多样化、实时化的全方位服务。第四，政府和市场相融合的产业养老。养老服务光靠政府是满足不了现实需求的，因此，应形成以政府为主导、以市场为基础的养老服务业新格局。在落实浙江省委、省政府《关于加快发展养老服务业的实施意见》《关于发展民办养老产业的若干意见》的同时，积极鼓励社会力量参与养老服务产业，为浙江省老年人提供更加丰富更加个性化服务。第五，实现物质和精神相融合的文化养老。文化养老是养老的最高境界，不仅需要良好的尊老、敬老、爱老、助老文化环境，还需要各种能供老年人活动、发挥余热的文化设施，以充分发挥老年人的潜能和价值，真正实现老有所乐、老有所养。

浙江省政府出台了《关于加快发展养老服务业的实施意见》《关于发展民办养老产业的若干意见》，明确了“9643”养老服务总体格局。督导各地制定实施细则，会同省相关部门研究制定了医养融合发展实施意见、非营利示范性项目土地指标奖励办法等6个配套政策文件，推动各市和52个县（市、区）出台了贯彻实施意见。浙江省深入贯彻国务院颁布的《社会救助暂行办法》，积极配合《浙江省社会养老服务促进条例》立法和省政协有关课题调研工作，制定了《浙江省养老机构服务与管理规范》《浙江省城镇住宅小区居家养老服务设施规划配建标准》等省级地方标准。养老服务设施建设进一步增强，2016年新增城乡社区居家养老服务照料中心8147个，新增养老机构床位3.7万张。居家养老服务设施基本覆盖城市社区和75%以上的农村社区。积极推进养老机构改制，首次实行养老机构公建民营全省统一招标，全省已有34家公办机构开展公建民营，床位数近7000张。养老服务队伍继续加强，完成了2.1万名养老护理员职业技能培训，新增初级以上职业资格证书1.32万人[①]。

①《2014 浙江民政：创制创新，大步前行》，《中国社会报》，http://cbzs.mca.gov.cn/article/shxw/xwgl/201501/20150100764663.shtml。

4. 以活动带动养老文化建设

各地也纷纷创新了许多各具特色的活动来宣传现代养老文化与孝文化。2013年，兰溪市民政局、团市委、市志愿者协会联合发起“情暖夕阳帮扶活动”，为空巢老人实行“一对一”“一对多”或“多对一”的服务模式，以团组织为依托，为老人提供定期、流动式服务，包括生活、精神、探亲、健康等方面的亲情服务，并逐步从试验社区向城乡社区覆盖。这不仅调动了全社会的积极性，更向民众传递了正能量。慈溪市组建了多支专职服务员队伍、志愿者队伍、银龄互助组织，推出老年餐饮、生活照料、家政服务、医疗保健、文化娱乐、精神慰藉等服务项目，使困难老人和空巢家庭得到切实帮助；并建立老年健康顾问团、指导成立民间保健组织、开办市老年大学、改造街道老年活动中心等，丰富老年人生活；除此之外，还组织敬老主题教育，开展“孝”文化进社区活动，如元宵、端午、中秋等各种节假日敬老慰老走访活动层出不穷，“老少同乐”“婆媳搭档”等活动更是内容丰富。还有长寿补贴、高龄老人免费乘公交等敬老优待制度都在积极引导社会关爱老人，敬老养老文化蔚然成风。杭州市、缙云市探索的文化养老，不仅使得老人晚年生活丰富多彩，更提供了很多供其发挥余热的活动，真正做好老有所为。遂昌县以孝悌文化融入养老机制，每逢重大节假日，如孝道文化节、“庆三八唱孝歌”、设立“孝心慈善基金会”等活动，使遂昌向孝道文化典型不断迈进。海盐县以活动带动孝文化建设，扎实推进孝道养老工程。以“敬老月”活动为主线，举办老年文体展、老年文化艺术周、老年人运动会等系列活动，经常参加活动的老年人达2万多人。着力打造老年文体“一镇一街一品”工程，如百步镇的地掷球、武原街道的滚灯、西塘桥街道的老年自行车等，都已成为当地的老年文体特色项目。同时，以农村养老服务中心、居家养老服务照料中心、文化礼堂等老年人聚集的地方为重点，广泛开展送电影、送演出、送辅导、图书流通下乡等文化下乡活动。2014年，已累计放电影40多场，演出15场，流动图书8000多册，开展辅导

30多次[①]。总的来说，在省委、省政府的带动下，各地积极响应建设各具特色的养老品牌，使敬老养老成为浙江特色文化的重要组成部分。

5. 以评优宣传养老文化建设

为了弘扬敬老养老助老的传统美德，2014年年初，浙江省老龄办下发了《关于做好孝亲敬老模范关爱工作的通知》，要求各地开展孝亲敬老模范先进事迹宣传，充分运用电视、互联网、手机、报纸等多媒体，以公益广告、文艺节目、巡回演讲等大众喜闻乐见的形式，宣传孝亲敬老模范的先进事迹，深化孝文化“三进活动”，引导人们敬老养老助老，营造浓厚的孝文化和养老文化的氛围。与此同时，要求各地加强跟踪联系，利用重阳节、春节等重要节日走访慰问孝亲敬老模范。并探索建立孝德基金，鼓励全社会尊老养老助老。

截至2014年，《浙江老年报》开展的“浙江孝贤”活动已经成功举办三届。通过向全社会收集“感动浙江”的孝贤故事，创新开展“浙江孝贤”的评选、表彰、宣传活动。通过发动全社会挖掘身边的孝贤故事，宣传弘扬具有现代特征的孝文化。这种评优活动，不仅适应了现代文化和理念，更匡正了传统文化的敬老养老行为，调动全社会敬老、孝老的积极性，弘扬了向上的正能量。除此之外，省老龄办还倡导继续开展孝亲敬老模范评选表彰活动，要求各地积极参与全国“孝亲敬老之星”“浙江孝贤”等评选，并因地制宜，开展多种形式的孝亲敬老模范评选表彰活动。比如，海盐县建立敬老表彰常态化机制，每年评选10—20位“孝亲敬老之星”，各乡镇（街道）每两年开展老年友好家庭等基础单位创建活动等。桐乡市乌镇敬老院院长凌晓虹带领全体工作人员，秉承“像子女一样照顾老人，让老人在家一样养老”的服务宗旨，不断完善敬老院的规章制度，全心全意为老人服务，竭力为孤老们营造安度晚年的良好环境。2013年她所在单位和她本人被评为“嘉兴市敬老文明号”

①《浙江省海盐县扎实推进孝道养老工程》，中华人民共和国民政部，http://www.mca.gov.cn/article/zwgk/dfxx/201407/20140700661919.shtml。

和“桐乡市最美党员”；2014年被评为“全国农村五保供养先进个人”。

（二）民间社会的养老活动

在浙江省委、省政府及相关部门积极鼓励下，浙江省民间掀起了一股股养老敬老之风。杭州的净慈寺将农历九月初九定为“净慈寺敬老日”，举办“敬老祈福延寿法会”为天下老人祈福，更设“往生堂”，给老年信众带去临终关怀，使信众常怀感恩孝亲之心；杭州市图书馆充分发挥“家居式”公共文化单位的优势，组织各类老年文化活动400多场，参与人数达6万多人次，举办老年公益培训班24个、老年读者社团4个等[①]来向全社会宣传敬老、爱老的观念，打造一种全新的积极向上、健康的养老模式；巾帼西丽家政服务集团有限公司在全国率先成立老人服务中心，每年为100多位困难老人提供免费服务，编印为老服务专刊，董事长丁常菊带领员工开展为老志愿服务；淳安县姜家镇章村老年协会以忠孝文化节、评选孝星等形式宣传敬老，以“文化礼堂”为主要阵地，开展老年食堂、生日祝寿等为老服务，显示了浙西农村独特的敬老养老文化。湖州德清县的莫干山老年乐园园长马福建，通过个人出资开办养老机构、收留无依无靠老人，个人出资评选民间孝子等行动，崇尚“孝文化”。除此之外，“浙江孝贤”评选人物个个都是浙江人行孝的榜样，从9岁的周剑锋勇于救白血病父亲到14岁的独自撑起家庭照顾母亲还要兼顾学习的蓝微，从丽水陈风翔四兄弟轮流照顾百岁父亲体贴入微到宁波北仑於嘉和五兄妹奔波于不同城市照顾92岁高龄的母亲，这些都是浙江人的榜样，浙江人的骄傲。

临海市东溪单村村级孝心基金尤为典型。临海市东溪单村自2010年设立村级孝心基金。“孝心基金”的灵感来源于东溪单村单益波，出发点是不让空巢老人感到焦虑、不安、孤独、失落。在2010年成立时，东溪单村户籍人

---

①《敬老爱老 构建幸福和谐杭州》，《杭州日报》，http://hzdaily.hangzhou.com.cn/hzrb/html/2014-05/13/content_1725673.htm。

口2044人，60岁以上老人394人，占总人口的19.37%，老龄化程度远高于全国的11%和台州14.8%的平均水平，是个典型的老龄化村庄。村民收入总体不高，却一次性筹资35万余元，成立全国首家村级孝心基金，引起社会各界的关注。正如单益波所说："孝心基金成立的初衷，不光是给老人们物质上的帮助，我们更希望能在村里形成一种爱老、敬老的氛围，让我们村的老人成为世界上最幸福的老人。"①以孝心基金的善款开展村级帮贫助老活动，弘扬孝亲敬老传统美德，营造上慈下孝的良好民风、村风，实现村居和谐。东溪单村孝心基金会使孝从单纯的血缘亲疏关系走向公众同构的社会模式。2013年1月，在第五届全国敬老爱老助老主题教育活动表彰大会上，东溪单村孝心基金会秘书长单益波成为中华孝亲敬老楷模提名获奖者之一，也是浙江省唯一的中华孝亲敬老楷模提名奖获得者。

正是在相关部门的倡导下，从小到个人，大到企业、社会组织都将敬老养老铭记在心并付诸实践，浙江省富有现代特色的养老文化正在茁壮成长，蔚然成风。

三、养老事业面临的挑战与养老文化发展的对策

家庭是维系人与人之间的重要纽带，更是中国人个体与外部社会关系认知的核心，家庭成为中国人理解世界的一个基础，而在家庭中，作为经验与礼法传承的代表，老人成为中国传统家庭文化的支柱。孝既是对老人的尊敬与赡养，也构成我们社会文化道德观念的重中之重。

（一）养老事业面临的挑战及其困境

中国正处于转型时期，传统的孝文化受到了一系列挑战。在现代家庭，

① 《临海东塍东溪单村成立全国首家村级孝心基金》，《台州日报》，http://www.taizhou.com.cn/news/2011-12/02/content_482900.htm。

老人与子女关系正在悄然发生变化，在社会上，老人与其他人群之间的代际关系也在发生变化，面对这些“内外交困”，不仅老人，连年轻人也在感慨：“老了怎么办？”这些挑战包括社会经济方面、家庭结构方面、技术文明方面的全方位转变[①]。

第一重挑战来自于社会转型。中国正经历着由传统向现代社会的转型，这种转型最突出的表现是，中国正在经历一个由农业为主导的社会向以工业社会，甚至是信息社会转变的过程。在传统农业社会，农业的发展是以个人经验的积累与他人经验的传承为基础，年龄是这种经验性活动的最大优势，老年人不仅成为农业的技术传承者，也是家庭生活常识、家族礼仪规范、社会伦理道德的传承者，受到晚辈们的尊敬。但在现代社会，不仅生产方式发生了转变，人们的文化观念也在悄然发生变化，农业社会依靠的是个人经验，工业社会依靠的是个人体力，信息社会依靠的是个人脑力。在今天的社会，老人们体力与脑力都处于劣势。现代化国家的典型代表美国，流传一句经典的话：“美国是儿童的天堂，中年人的战场，老年人的坟墓。”中国正在进行现代化，或许也会无可避免地面对类似的问题。

第二重挑战来自于家庭结构的变化。在传统社会，为了维持家庭的延续，多子多福是人们的基本理念，老年人在家庭中占据中心地位，是家庭中大小事的决定者。而中国实行计划生育政策之后，中国许多家庭尤其是城市家庭，形成了“4-2-1”（4个老人一对父母一个孩子）家庭结构，在这样的家庭结构中，家庭成员把所有的注意力都集中在独生子女身上，而需要照顾的另一端——老人，则受到相应的冷落。中年人在现代社会中的工作压力也越来越大，他们有限的精力大部分给了孩子，而老年人为了减轻子女的负

① 有关社会转型给传统养老文化的冲击可以参考刘佳莉：《眼泪为什么往下流？——转型期家庭代际关系倾斜问题探析》，载《南昌大学学报》2005年第11期；陈莹：《论中国传统养老文化视角下机构养老理念的建构》，载《漳州师范学院学报》（哲学社会科学版）2012年第1期；陈建华：《传统养老困境下的新型养老文化建设》，载《中共郑州市委党校学报》2010年第3期。

担，无论是身体上还是生活上有什么困难，都不愿让子女知道。老年人从传统社会的注意力兼决策焦点变成了家庭的一种“负担”，许多老年人认为自己是子女的负担。

第三重挑战来自于技术文明的更新换代。技术文明的发展让老年人越来越觉得跟不上时代的潮流。在知识传承上，老年人拥有的传统知识越来越受到新知识传播途径的冲击。在传统社会中，人生诸多事情包括结婚、生子、成家，甚至包括如何抚育小孩的生活常识，以往多求助于经验丰富的老年人，但现在的年轻人利用网络、百度搜索就可以快速地进行知识补充，老年人所掌握的知识已经在强大的网络面前变得可有可无。老年人不仅面临自身知识贬值的困境，还面临未知领域科技知识的瓶颈。老年人在家中需要子女一遍遍叮嘱才慢慢学会使用各种家用电器；老年人在银行宁愿多等一会儿，也要和柜台营业员对话取钱，而不是学会使用自动取款机办理业务；在医院，老年人面对自动挂号机手足无措，需要专业指导人员帮忙才能挂号。支付宝、智能手机、微信、快的打车等便捷服务离他们很远。面对这个机械化外加信息化的社会，老年人有点不知所措。

在这三重冲击下，老年人的地位越来越低，无论是在家庭或者社会，都面临双重困境。

第一个困境，是家庭困境。对于和子女一起生活的老人而言，他们的知识越来越有限，说话的分量也越来越小。由于社会的转型，面临冲击的不仅仅是老年人，家庭中的中年人、青年人也同样受到影响，突出表现在家庭内代际的差距越来越大，思想观念越来越不一样，中青年人，不再重复老年人年轻时的思想，代沟逐渐加深。对于不和子女生活的老人，包括空巢和失独老人，他们虽然没有和子女们面临理念上的冲突，但也无法享受和子女共居的天伦之乐。他们不仅和子女的交往频率在减少，和外界社会的交往频次也在下降，他们无法利用网络去适应现代社会的沟通，难以克服地理位置上的距离。

第二个困境，是社会上老年人地位尴尬。广场上打扰民众休息的跳舞大妈，倒在街头没人敢扶的大爷，公交上为了争一个座位面红耳赤的老人，这些都成为社会舆论场上一引即爆的热点。有不少网友调侃：“不是老人变坏了，而是坏人变老了。”但是，这些评价对于老年人显然是不公平的，毕竟个别老人不能代表全体老人，像“碰瓷”和抢座这些不文明现象在各个年龄层都会出现，只是老人犯错，普通网民会特别关注。在不少网民眼里，这些老人没有工作生存的压力，享受着旧体制下的诸多好处却不用付出。那些犯错的老人不可避免成为网上民众压力与不满的宣泄点，这些宣泄从个别老人扩大到整个老人群体。这些情绪化的反应加上老人群体整体面临的三重挑战，容易造成老人在社会上越来越不受重视甚至歧视。

上述两个困境不仅对老人无益，对整个社会也有害。我们不需要借助传统社会的伦理道德来进行说教，单单从“人人都会老”这一简单事实就可以知道，善待老人是任何社会的应有义务，不分传统与现代。如前面所述，浙江省民政部门非常重视老年人工作，在有关老年人权益保护方面做了许多工作，包括如何帮助老年人能更适应现代社会的人际关系。在养老文化方面，民政部门有自己的独特优势，民政部门深入社区与家庭就可以引领人们思想观念的变化。新时期养老文化建设不仅仅是帮助老年人，还是帮助整个社会凝聚人心，消除人与人之间的隔阂。

家庭和睦是每个家庭期望达到的目标，中国传统社会中“家”的观念构成了中国人区分于西方的一个特质文化，对家的信念是中国人的一种信仰，如今，这种信仰也受到人们职场流动性增强、工作压力增大的挑战。在现代社会，民政部门可以从文化上，主动引领家庭进行反向社会化行动。正常社会化是家长潜移默化影响子女的价值观念，而反向社会化是指在社会日新月异的状态下，由子女来引领老人的思想观念的变化，帮助他们跟上技术的变迁，教会他们使用现代个人通信设备，帮助他们理解整个社会的飞速变化。在不断发展的社会面前，老年人其实也像孩子一样，需要去学习，去理解，子女就是他们最好最直接的老师。民政部门可以利用自己庞大的机构体系，在城市社区中，在农村村落中，宣传与引导家庭中老人与子女思想的变化；

对于空巢与失独的老年人，社区工作人员可以帮助他们接受知识的更新，技术的换代。民政部门可以通过社区工作人员构建相应的图书馆、课堂、讲座或其他多种形式来帮助老人走出家门，让他们在知识的交流中找到生活的意义。

今天的社会有太多的隔阂，代际隔阂已成为这个社会的一道难题。在养老文化的建设中，民政部门可以引导舆论方向，让老年人与其他年龄层的人重新审视相互之间关系；可以广泛开展敬老尊老活动，带动全社会其他年龄段的人参与，构建双向互利新格局。反过来讲，让老人们帮助其他社会群体也是对老人的一种尊重，就像家庭中，老人承担了孙辈的照顾责任，也是获得自身价值的一种实现途径。

其实，养老尊老文化不仅是民政文化的一个重要子内容，也是慈善文化、社区文化相关联的重要组成部分，这些多重文化的建设，有利于人们更自然地感受人与人之间的和谐。老人退休后，有更多的时间来参与慈善事业帮助别人，同时一些生活困难、需要帮助的老人也是慈善救助的受助对象。此外，老人离开了工作单位，他们生活的社区成为他们日常生活的主要场所，他们也成为社区中各种消息的主要传播者，社区文化、慈善文化和养老文化可以很自然地整合在一起，让老人们成为社区中各个家庭之间的纽带。老人不仅与其他年龄段的人要相互沟通，老人们自身也要互助沟通。老人们相互之间的共同语言多一些，他们就更能理解彼此，相互帮助。

（二）文化养老的发展思路与对策

在新时代，家庭养老是养老文化的主要方式。我们要在社会主义道德框架下，把孝道伦理作为现代社会的一种社会公德、做人美德融入社会主义核心价值体系之中，加强对养老的文化教育和道德教育，培育青年人养老的道德责任感，弘扬全社会敬老爱老的道德规范和社会风气。

应对这些挑战首先需要观念转变，其中既有老人自身观念转变，也需要为老人服务的工作者们观念转变，观念转变也不是空洞说教，老人更容易在各种各样的文化活动中转变他们的理念，而这些活动的落实离不开资金，人力资源与制度政策的保障。

1. 创新性转换传统理念，重塑现代养老文化

现代养老文化比起传统孝文化，内容更加丰富，也更契合现代人理念。正如浙江民政厅厅长尚清所说："发展文化养老需要转变传统观念，赋予新的内涵，在养老机构名称、设施配备、功能设置等方面都要放大文化元素。"① 我们认为，浙江省养老文化的发展，在理念上要重视以下几点。

第一，养老服务要从原先的特惠型向普惠型转变。随着社会公平理念日益扩大，民众对养老服务公平性的要求越来越高。目前我国养老服务呈现出城市中老干部群体好于普通民众，城市社区好于农村社区，这类不均等化的服务满足不了民众日益增长的服务需求。譬如，服务于老干部群体的老年大学、老干部活动中心和老干部党校也应该向社会普通老人开放。

第二，养老服务理念要从单一化转向多元化。老年人不是一个单一群体，基于年龄、身体状况、受教育程度、家庭结构和原先职业特点等因素影响，他们对养老呈现不同的需求。养老服务要充分考虑老年人的不同类别，这样才能更好地满足不同群体需要。以老年人身体状况为例，2010年浙江省政协调查组就提出了建立"一张无缝对接的养老服务网"，根据老人的身体状况，建立"区分不同养老平台的职责、功能，构建起家庭—社区—护老院—护养院—关怀院"的全套系统②。

第三，推动自我价值的实现。20世纪末，世界卫生组织提出了"积极老龄化"的口号，以联合国提出的"独立、参与、尊严、照料和自我实现"的

① 尚清:《幸福养老——浙江养老服务业发展的趋势和目标》，载《今日浙江》2014 年第 20 期。

② 浙江省养老服务体系的调研报告课题组:《浙江省养老服务体系的调研报告（2010 年）》。

原则为理论基础[①]。其核心内容是，不仅使老年个体认识到自己的潜能，按自己的权利、需求、爱好和能力参与社会活动，并得到社会充分的保护、照料和保障，更重要的是让老年人能够在保持身体健康、提高预期寿命的同时，积极参与社会活动，继续为社会作出应有贡献，活得有尊严、有价值、有意义。比起中国传统的“颐养天年”的观念，“积极老龄化”更强调老年人能继续实现自我价值。

与此同时，老年人自己要更新观念，跟上社会变化与发展的步伐。2014年12月至2015年1月，课题组分别从浙江省民政厅、11个地市级民政局、90个县（市、区）民政局，随机抽取了1023名调查对象，进行了《浙江省民政文化调查问卷》调查。杭州市一位受访的民政干部指出，养老领域普遍存在一种错误的观念，认为养老只是政府的事情，而忽略了子女在养老服务工作中的重要作用。应该在日常生活中突出传统孝道文化宣传，重新让更多的子女感受到老年人对子女关爱的需要。另一位受访民政干部提供了一个很能说明问题的案例：有一对85岁上下的农村高龄夫妇，几个子女全部上班，无力按农村规矩在家照料父母。子女商议送老人到养老院遭拒绝、雇保姆被他们骂跑。老人不是嫌养老院不好，而是认为只有那些没有子女、子女不孝的人才进养老院。一定要赖在老家，结果大小病痛不断，呼这个、唤那个，自己受罪不说，子女还受累，一家人担惊受怕过日子，严重影响了一家大小的生活质量。如果宣传到位，能够深入每家每户，那么社会大环境到位，相信老人就不会有如此执拗。这位民政干部点出了问题的关键：“农村部分老年人旧的养老思想根深蒂固，在新形势下，新的养老观念难以进入老人视线，不能正确对待养老和死亡。”

此外，面对老龄化社会的到来，要树立起全社会参与的理念。杭州市一位受访民政干部指出：“在养老文化建设方面，应该加大家庭养老主体责任意

---

① 参见韩丽萍：《“老有所乐”养老文化服务体系的构建》，载《江苏经贸职业技术学院学报》2014年第1期。

识的宣传力度，让全社会都参与到养老服务工作之中，而不是停留在计划经济年代的思维模式，对政府过分依赖。”

2. 创新文化项目，打造孝文化教育基地

如何让老年人能继续参与社会各领域发展，首先要让老年人在各种文化活动中更好发现与实现自我价值。浙江省在打造养老文化项目上有不少好的经验，形成了特色照护文化、新型孝道文化、敬老月活动，以及与养老业相关的展览与论坛。省老龄办、省老年学学会每年举办“人口老龄化与长寿社会研讨会”“浙江老龄产业博览会”“浙江国际养老服务业博览会”之类的大型活动，这些活动对引导科学生活理念，倡导健康生活方式，提升老龄文化建设都起到了积极的推动作用。在打造文化项目时，不仅可以着力于老年人自身特色，集健康、养生、个人兴趣为一体，还可以进一步利用科技来拓展文化项目，让老年人跟上时代步伐。例如，杭州市举办老年文化艺术节，理念清楚，内容丰富多彩，为文化养老事业开展发挥了很好的带头作用。

杭州市一位在养老机构从事相关工作的受访者说，该养老机构对老人的精神文化生活比较重视，定期组织开展各种兴趣小组，如书画、歌唱、戏曲等，定期邀请社会各界志愿者团体、学生义工义务表演，丰富老人的日常生活，并不定期举办大型“敬老月活动”、嘉年华活动、周年庆活动，让老人们自发自主地参与其中，提高参与积极性。

在场所与设施建设方面，民政部门可以增加资金支持，建立老年活动中心，配套相关设施，让老年人有自己专享活动场所，也可以利用面向全体民众的社会公共设施，比如公园、图书馆、寺庙、学校等，强化这些公共设施为老服务功能。同时加强公共设施便捷便利化改造，例如残障通道的设置、老人专用座椅等。

养老文化不仅仅是服务老年人，也要感染与教育社会其他群体，打造孝文化教育基地，让这些基地传承中华民族优良传统，有利于营造社会整体尊老敬老氛围。孝文化教育基地的建立不仅仅是养老文化，可以结合中国传统宗祠文化、名人名居文化、地方志与家谱文化，让大家充分认识到孝文化是中国传统文化有机组成部分。中国传统文化中，家国天下理念深入人心，人们对家庭重视与珍惜与对老人尊敬与爱戴是相辅相成的，在中国传统文化整体框架下宣传孝文化，才能更多地吸引民众参与其中。

本课题调查的数据（见表5-1）表明，在为促进新型养老文化形成的一系列制度措施中，浙江省民政系统着力营造的新型孝道文化的重要性最高，有接近1/3的民政工作人员认为，建立新型孝道文化对于解决人口老龄化问题至关重要。同时，特色照护文化与敬老月活动在民政工作人员的心目中重要性也较高。

表5-1　养老文化创新的载体和抓手

	频数	%
特色照护文化	522	23.0
新型孝道文化	743	32.8
敬老月活动	466	20.5
养老服务业博览会或论坛	459	20.2
其他	78	3.4
总计	2268	100

3. 突出社区文化在文化养老中的作用

中组部曾经对离退休干部管理提出“四就近”原则，即就近学习，就近活动，就近得到关心照顾，就近发挥作用。其实这些原则也很适合其他普通老年人群体。在这样的就近原则下，社区就成为养老文化建设的主要场所。社区不仅仅是老人们生活居住之地，而且是老年人从原单位退休后获得公共集体归属感的重要平台。

社区养老文化建设包含两个重要方面：一是对老人的家政与护理服务，二是对老人精神需求的文化活动。对于前者，社区成为老人尤其是行动不便、空巢或者独居老人们的最好依靠。浙江省民政厅厅长尚清曾经提出，用“智慧养老”来为社区老人建立数据服务库[①]。“智慧养老”就是以养老服务需求为导向，以信息平台为载体，以智能应用为手段，整合数据采集、系统建设、平台开发和终端运用等环节，建立“智慧养老”体系，让老年人足不出户就能享受实时化、多样化、个性化的全方位服务。此外，社区还应该组织多种文化活动，让老年人走出家门，参与到集体活动中。前几年一项有关老年人幸福满意度的研究发现，社区组织的活动越多，老年人幸福感越强[②]。在组织社区活动时，社区应该听取老年人要求，让老年人自发组织，也可以联系社会中介组织根据老年人兴趣爱好，开展多种多样的活动。这些文化活动既可以有老人们的自娱自乐，也可以组织以家庭为单位的社区活动，让全体社区成员都感受到对社区的归属感。

在社区养老文化建设方面，关键是社区组织功能的有序发挥。现在许多社区内诸多单位，如社区居委会、物业管理公司、业主委员会以及原单位管理部门，多头管理，权限混乱，资源利用欠缺。为了更好地整合社区资源，社区内各组织职能明确，统筹协调，资源共享十分重要。要打破各个组织之间的壁垒，整合人力资源，好的社区养老文化需要一个协调统一的服务管理团队。在社区养老文化基础设施建设上，包括用地、设备、用房，可以利用社区内或周边已有学校与企事业单位资源，也可以拨出专门经费建设社区内老年人活动中心。

4. 重视制度、人才队伍建设和资金的配套

养老文化的发展离不开制度与政策的支持。养老文化观念转变是前提，文化项目、文化活动与文化设施是主要内容。养老文化建设更需要制度与政策作为保障，这样对养老文化的发展才会成为常态发展，而不是突击式发

① 尚清：《幸福养老——浙江养老服务业发展的趋势和目标》，载《今日浙江》2014年第20期。

② 钱雪飞：《社区养老社会环境建设现状分析》，载《江海纵横》2011年第7期。

展。2015年1月25日，浙江省十二届人大三次会议上，《浙江省社会养老服务促进条例》以98.7%的赞成率获得高票通过[①]。这是国内首部地方性养老法规。当然，浙江在养老制度化建设方面才刚刚起步，不可避免地还会遇到许多问题，包括政府预算支出的具体安排，社区居家养老服务照料中心运营管理，民办养老服务机构的认证与评估等。这部养老保障条例侧重于老年人照顾与护理，对老年人精神文化需求有所忽视。因此，养老的制度建设依然有不少待完善的空间。海盐县老龄委以及各乡镇（街道）根据当地特色出台为老办实事意见，每年为老年人办理7—10件实事，并列入年度考核。根据新修订的《中华人民共和国老年人权益保障法》，鼓励老年人签订《家庭赡养协议书》《敬老保证书》《继承财产办法协议书》等协议，完善法制建设，严惩不孝行为，消灭“老少倒挂”现象。

养老文化离不开人才队伍。养老文化人才紧缺体现在两方面，一是在老年人照护方面，基本依靠低学历低技能的群体，由于工资较低，缺乏认证资格审核，从事养老服务的社工人员远远达不到现代养老事业要求；二是目前养老文化活动建设基本是以老年人为主要力量的“自娱自乐”，缺乏专业文化人才来组织老年人开创更新颖的文娱节目，社会文化活动的年龄分化比较明显，缺乏不同年龄群体间的融合与交流。政府应该在政策上扶持更多社工人员参加技能培训，鼓励文艺创作与宣传部门创新更多养老文化活动。养老文化最终发展还需要老年人自身投入，组建或者加入各种老年人组织更容易带动老人参与。政府应该对老年人社团组织的注册与登记给予更简便的程序规定。

养老文化还需要充足的资金支持。养老文化活动经费来源包括自筹、商业赞助、政府支持和公益捐赠。养老文化可以与慈善文化相结合，政府给予明确的免税政策支持，吸引更多的人参与，一起传承中华民族优良的传统道

① 俞琪、余晓叶：《专家详解〈浙江省社会养老服务促进条例〉》，http://www.zjmz.gov.cn/il.htm?a=si&id=4028e4814b604758014b7c4bfac401f2。

德。在社区养老文化建设中，社区居委会、物业委员会和业主委员会也应根据社区老年人比例，划拨一定老年人活动经费，让养老活动中经费来源更加稳定。

四、小结

浙江省养老文化一直走在全国前列，但是如何面对日益老龄化的重任，浙江省有必要把养老文化推向一个更高的层次。养老文化的发展是一个全方位的工程，从养老理念的更新到养老活动的延伸，从法律政策的制定到组织架构的完善，从资金支持的保障到人才队伍的建设，这些都需要在民政部门的领导下，带动全社会的共同参与，才能让浙江省养老文化得以更好地发展。

第六章
“三社联动”推进浙江“三社文化”建设

“三社联动”是以社区为平台，以社会组织为载体，以社会工作专业人才为支撑的互动机制，通过社区建设、社会组织培育和社会工作者参与的方式，形成“三社”之间的长效互动和资源共享机制，从而构建具有活力的基层社会治理新格局。推动“三社联动”有效运行的文化是民政文化建设的重要组成部分。为贯彻落实党的十八大提出的“在改善民生和创新社会管理中加强社会建设”的战略任务，浙江省“三社联动”在“行政化推动”和“社会化培育”的双重机制下，大力推动基层社区建设、社会组织发展和社会工作者发展，有效增强社区文化、社会组织和社工文化建设，构建先进和科学的“三社文化”体系，推动浙江省民政文化建设。

一、从社区建设到“三社联动”

（一）从城市社区到农村社区建设

随着改革的深化和社会主义市场经济体制的逐步确立，城市社会生活和管理体制发生了整体深刻变化，人口流动日益频繁，居民群众的生活需求更加多样，民主参与意识越来越强，“小政府、大社会”格局正在形成。这一系列变化构成了社区建设的大背景。

中国的城市社区建设经历了启动、实验推广和全面推进几个阶段。1986年，为配合城市经济体制改革和社会保障制度建设，民政部倡导在城市基层开展以民政对象为服务主体的“社区服务”，首次将“社区”这一概念引入了城市管理；1989年12月26日，全国人民代表大会通过的《中华人民共和国居民委员会组织法》明确规定：居民委员会应当开展便民利民的社区服务活动，第一次将“社区服务”引入法律条文；1991年，民政部又提出了“社区建设”这一概念，并在全国各个城市广泛开展社区建设活动。1998年，国务院又将“推进社区建设”的职能赋予了民政部，社区建设作为政府的一项重要工作被提上议事日程，同时批准民政部成立基层政权和社区建设司，这是我国历史上第一次明确社区建设的政府职能部门。1999年，民政部正式启动了“全国社区建设实验区”工程。2000年11月3日，中共中央办公厅、国务院办公厅正式转发了《民政部关于在全国推进城市社区建设的意见》，明确界定了社区建设的概念及其内容。2001年，民政部下发《全国城市社区建设示范活动指导纲要》，提出了包括10个方面的社区建设指标，标志着中国城市社区建设指标体系的初步建立。2005年，民政部提出了和谐社区建设的“居民自治、管理有序、服务完善、环境优美、治安良好、文明祥和”24字的建设标准，紧接着全国各地围绕这一纲领提出了各自的具体标准。

在社区建设过程中形成了各种各样不尽相同的建设思路。归纳起来有以下六种：①以理顺基层政府和社区关系为突破口，建立新型的社区建设工作运行机制；②加强基层组织建设，增强社区凝聚力；③加强基础设施建设，繁荣社区文化；④完善民生服务体系，强化服务功能；⑤加强社区经济建设，增强社区活力；⑥改善管理制度，建设高素质的社区工作者队伍。在这些思路指导下，自20世纪90年代中叶开始，社区建设开始在我国大中城市展开，各地的城市社区有了长足发展，形成了具有代表性的沈阳、上海、青岛、江汉、南京、深圳和成都等模式或经验[①]。

到了21世纪，我国社区建设开始关注乡村，由此开始进入农村社区建设时期。2005年10月，党的十六届五中全会通过的《中共中央关于制定国民经济和社会发展第十一个五年规划的建议》，提出了建设社会主义新农村的重大历史任务，按照“生产发展、生活宽裕、乡风文明、村容整洁、管理民主”的要求，扎实推进社会主义新农村建设。2005年12月，中共中央、国务院发布《关于推进社会主义新农村建设的若干意见》（中发［2006］1号），从“统筹城乡经济社会发展，推进现代农业建设，促进农民持续增收，加强农村基础设施建设，加快发展农村社会事业，全面深化农村改革，加强农村民主政治建设，切实加强领导”8个方面提出了推进新农村建设的意见。2006年9月，民政部发布《关于做好农村社区建设试点工作推进社会主义新农村建设的通知》（民函［2006］288号），决定在全国有条件的地区开展农村社区建设的研究探索和试点工作，提出要在充分认识开展农村社区建设的重要意义基础上，认真总结农村社区建设的工作经验、因地制宜地抓好农村社区建设试点，深入开展对农村社区建设工作的调研论证。为了探索并逐步完善农村社区建设思路，形成适合我国国情的农村社区建设管理体制和运行机制，2007年3月，民政部印发《全国农村社区建设实验县（市、区）工作实施方案》，决定从全国有条件的县（市、区）中确定一批“全国农村社区建设实验县（市、区）”，用1—2年时间开展农村社区建设实验活动，为开展“全国和谐社区建设示范县（市、区）”创建活动提供样板。实施方案明确了“全国农村社区建设实验县（市、区）”承担的主要任务、申报“全国农村社区建设实验县（市、区）”的条件及“全国农村社区建设实验县（市、区）”工作的组织领导。为巩固农村社区建设实验工作的阶段性成果，扩大受益面，促进农村经济社会又好又快发展。2009年3月，民政部发布《关于开

---

① 有关中国各地社区建设的模式，可参阅胡宗山：《全国社区建设模式评析》，载《中国民政》2001年第6期。

展“农村社区建设实验全覆盖”创建活动的通知》（民发［2009］27号），提出“领导协调机制的全覆盖、社区建设规划的全覆盖、社区综合服务设施的全覆盖、社区各项服务的全覆盖、社区各项管理的全覆盖”五项创建标准。

（二）从社区建设到“三社联动”的提出及浙江的推进

我国改革的过程实际上是一个不断调整政府与市场、政府与社会关系的过程。在传统体制下，政府单一承担了组织社会生产、管理社会生活的功能，随着现代市场经济的建立，传统体制那种单一的社会管理模式已无法适应我国社会发展的需要。在这种情况下，需要动员社会的力量来参与社会的管理，充分利用社会资源来帮助政府满足不同利益群体的需要，社区、社会组织、社会工作者就有了发展的巨大空间和发挥作用的广阔舞台。

20世纪80年代，我国城市经历了一次重大变革，原来由单位负责衣食住行的职能改为由社区承接，社区担负起社区成员的一切大小事务，逐渐成为城市基层社会尤为重要的组成方式。随着城市化进程的加快，城市居民对社会呈现出各种各样的需求，形式也越来越复杂。社区治理主体一改政府主导的单一模式，开始朝着多主体参与的方向发展，社会组织以及社区居民逐渐成为社区治理的重要力量。在针对社区治理多主体参与的问题上，近年来各地方对社区治理进行了积极有效的探索，提出了“三社一体”“三社互动”“三社联动”等思路试图突破传统社区服务的瓶颈。“三社联动”是指通过社区建设、社会组织培育和社工参与的方式，增强“三社”之间的有效互动、沟通、协作，形成资源共享、互相促进、共同进步的良好局面，从而构建充满活力的基层社会管理新格局。分层次、按步骤有序推动“三社联动”的发展，可以有效化解各类社会矛盾和冲突，做到从源头防治，使问题在基层解决，在构建和谐社会中发挥重大作用。

浙江引领风气之先，积极探索“三社联动”发展之路，并在此过程中逐步形成“三社联动”文化。平湖市以“三全”工作法全力打造“三社联动"社会管理新模式。平湖市坚持"助人自助"的社会工作宗旨，以全领域、全方位、全过程"三全"工作法打造社区、社团、社会工作者"三社联动"模式为着力点，在推进社区建设、加快社会工作者人才队伍建设、增强社团惠民服务等方面进行了积极的探索实践，在推进社会管理体制创新和社会工作发展方面取得了一定的成效。杭州市江干区进行了基层社会管理和服务创新，提出"社区、社团、社工"三社联动的建设模式。通过"三社联动"方式架构"党委领导、政府负责、社会协同、公众参与、法治保障"的社会管理格局，并用社会管理和服务创新的方式推进社会建设的地方实践，积极探索建立三者之间的高效联动机制。温州市龙湾区"三社联动"带活社区服务，在总结经验的基础上，于2014年12月出台了《关于加快推进"三社联动"完善基层社会治理的实施意见》（温龙委办发［2014］60号），就加强"三社联动"基础平台建设、完善"三社联动"发展机制、增强"三社联动"专业队伍力量和组织保障等作了具体的规定与规划。温州市瓯海区实行"三社联动"，通过强化工作主体、完善信息网络、落实经费保障和创新工作载体，有力地推进基层社会治理创新。这其中，浙江嘉兴的经验尤其引人注目。嘉兴市以社区为基础、以社团为载体、以社会工作者和志愿者为骨干，在嘉兴的角角落落，在普通市民生活的方方面面，一个"三社"互动，纵向到底、横向到边的扁平式网络化社会管理服务新体系已经铺展开来，通过"三社联动"，使社区服务更贴近生活、更亲和百姓，使社会组织服务更多样、更周到，使社会工作服务更专业、更有力。在2014年嘉兴市社工委参与发起的全国"创新社会治理，加强社会建设"年会上，"加强'三社联动'，助推基层社会治理创新"的经验令全国同行纷纷"点赞"，并荣获了"2014中国城市进步奖"和"中国社会治理创新范例50佳"称号。

2014年，浙江在"三社联动"工作上又迈出了重要的一步。全省率先在省级层面出台推动"三社联动"建设的政策文件，着力构筑以城乡社区为平台、社会组织为载体、社会工作为支撑的城乡社会基层治理体制。为进一步深化城乡社区建设，推动村（社区）"三多"事项清理整改，省直单位针对村（社区）的机构牌子从71个精减为10个，考核评比从22项精减为5项，创建达标从85项精减为9项，被民政部发参阅件向全国推广。新建15个示范型街道社区服务中心、600个村级社区服务中心；建成76个“96345”社会公共服务信息平台，覆盖89个县（市、区）。激发社会组织活力，推动顶层制度设计，省级层面《关于加快推进现代社会组织体制建设的意见》2015年2月出台。深化社会组织管理体制改革，全面开展四类社会组织直接登记，全省累计直接登记社会组织1969个。确定了22个市、县（市、区）为全省现代社会组织体制建设创新示范区和观察点，组织开展对口见学活动。推动政府向社会组织购买服务，编制出台全省性社会组织承接政府转移职能和购买服务推荐目录。全省投入3.2亿元支持社会组织公益项目和社会组织服务平台建设，市县共建立184个社会组织服务平台，其中实体化运作108家，基本实现全覆盖。推进社会组织信用体系建设，建立社会组织信用平台，实行失信“黑名单”制度。社会组织党组织组建率达65%，党的工作覆盖率100%。拓展社会工作服务。加强社工专业人才队伍建设，成立了浙江省社会工作师协会。全省民办社会工作服务机构175家，社会工作服务领域拓展到了医疗、教育、新市民服务等方面①。

浙江在推进“三社联动”及其相应文化建设上所具有的前瞻性，得到民政部和社会的充分肯定。在《中国社会报》刊登的“2014盘点·社会工作领域10件事”中，将浙江省出台的《关于加快推进“三社联动”完善基层社会治理的意见》（浙民基［2014］135号）列入其中。该报的点评指出：“这是国内省级层面首次出台关于‘三社联（互）动’的政策。该意见厘清了城乡社区建设、社会组织和社会工作发展的运行规律和联动机制，增强了社会体制改革的关联性、系统性和整体性，为各地社区体制机制改革创新提供了重要借鉴。”

①《2014浙江民政：创制创新，大步前行》，2015年1月27日《中国社会报》。

二、浙江“三社文化”建设的经验

浙江省在推进“三社联动”过程中，突出“整体性治理、联动式发展”的理念和思路，以如何将社会“激活”为突破口，重视“三社联动”的互促互构机制建设，使得浙江的“三社文化”建设在“三社联动”建设过程中有序推进，并逐步形成浙江自身的特色与优势。

（一）行政支持：“三社文化”的形成基础

在推进浙江省基层社会治理新格局，有效构建“社区、社会组织、社工”联合互动机制，政府在多元主体的参与中占据了主导地位，行政的支持和推动是构建和形成“三社文化”的先决条件。

1. 政策支持，搭建制度框架

近年来，浙江省民政部门为加快构建和谐社区，推进社区建设的有序发展，出台了一系列政策文件，从制度上加大了对社区、社会组织以及社会工作者发展的支持力度。2014年，浙江省率先出台了《关于加快推进“三社联动”完善基层社会治理的意见》，从目标、原则、措施、保障机制等若干个层面推出了“三社联动”的具体办法，构建浙江基层社会多元治理的新格局。在社会工作层面，出台并实施了《关于加强社会工作专业人才队伍建设的意见》《关于促进民办社会工作机构发展的通知》等文件，充分发挥了民办社会工作服务机构的重要载体和阵地作用，推进社会工作及其人才队伍建设深入开展。在社区建设方面，先后发布《浙江省民政厅城乡社区建设领导小组关于进一步加强城市社区居民委员会建设的意见》《浙江省城乡社区服务业“十二五”发展规划》等，从制度上规范了社区居民自治的组织体系和制度体系建设，建立健全民主议事协商制度，广泛建立民情恳谈会、事务协调会、工作听证会等制度，推动社区居民参与民主自治的制度化。在社会组织建设方面，起草并提请出台《浙江省委办公厅、省政府办公厅关于加快推进现代社会组织建设的意见》，在社会组织登记管理、政府职能转移、政府购买服务、财税扶持、民办社会事业发展、人才队伍建设等方面作出了系统性制度安排；发布全国首个《社会组织建设规范》省级地方标准，制定出台《浙江省社会组织信用信息管理暂行办法》《浙江省社会组织评估工作规程》等，监管工作日益规范。通过实行各项政策规范，取消全省性社会团体筹备成立审批，取消全省性社会团体、基金会设立分支机构和代表机构的审批；下放基金会、异地商会登记管理权限至县级民政部门，简政放权为社会组织“松绑”。

2. 财政资助，构建发展平台

不管在社区建设还是社会组织抑或是社工建设中，政府的财政资金扶持，是推荐“三社联动”的重要支柱。以社会组织发展为例，资金的缺失一直是制约社会组织发展的重要因素。为破解资金难题，2012年至2014年，浙江省争取中央财政支持社会组织参与社会服务项目23个，资金合计945万元。2012年至2014年，省级福利彩票公益金5000万元支持全省社会组织200多个公益项目和88个社会组织服务平台建设、从业人员培训，资金额度从2012年的300万元到2013年的1000万元再递增到2014年的3690余万元，每年增幅3倍之多。项目资金在全省合理分配的同时，重点向示范观察点倾斜，譬如温州慈善总会“爱心温州、善行天下”明眸工程项目连续3年获得中央财政支持，资金达150万元[1]。困难人群救助、残障人员康复、特殊人群帮教、留守儿童、外来民工子女成长、自闭症儿童治疗、空巢、失独老人关爱等一大批公益项目在示范观察点生动实践。

通过“党委领导、政府参与”的行政化支持，为浙江省“三社文化”的

① 浙江民政：《浙江：现代社会组织体制建设创新示范活动昂首前行》，民政部，http://www.mca.gov.cn/article/zwgk/dfxx/201501/20150100765736.shtml。

形成构建了良好的政策制度体系和财政保障，夯实了社区建设平台，优化了组织管理结构，完善了社区服务体系，进而激发了社会活力，促进了社会组织的孵化和能力建设，社会工作人才队伍和能力建设，有效构建了“资源共享，多元参与，需求导向”的运行机制，进而形成了“精致、个性，良善、合作，融合、参与”的“三社文化”。

（二）浙江“三社文化”的形成机制

1. 资源共享机制

首先，社区建设需要社会组织作为共治方参与，社会组织的成长需要社区这个平台，社会组织、社区又为社会工作人才成长提供摇篮，同时，社会工作专业人才为社会组织和社区的发展提供了人才支撑，也是各种社会资源的链接者。从这个意义上讲，社区建设通过构建多元参与、协商治理的平台，承接政府放权和让渡的相应职能。在此平台上，社区、社会组织、社会工作者三方资源共享、优势互补、相互促进。通过“委托–购买”方式，政府向社会组织购买公共服务，即政府将职务职责通过财政付费购买方式分派给社会组织，社会组织同时要提供高效、优质服务，成为社会工作的组织基础、合作伙伴等，进而推动社会工作职业化建设，同时政府组织相关专家对其监督和评估，判断其是否准确、及时、有效地完成了任务等。在此基础上，逐步实现了“社区、社会组织、社工”之间的资源共享、功能互补、互相发展的良好局面。

2. 多元参与机制

随着社区的不断发展，社区内组织不断复杂化，主体不断多元化。社区中一般存在政党组织、行政组织、社会性团体、驻社区单位、居民委员会、物业等，这些组织都在不同程度上影响着社区事务的决策和发展。纵观浙江省社区的整体状况，各主体间的总体框架是：党委是社区合法性和行政资源的提供者，是核心；居民代表大会是决策层；议事会是监督者；社区居民委员会是执行者；驻区单位和社会团体既是参与者也是影响者；物业公司则是业主委员会的合同当事人。越来越多的主体参与到社区公共权力的分配中来，因而在协商民主的制度框架内实行社区内的多元主体参与，有利于明确党和政府的限度，相应提供社区发展的空间。近年来，浙江省不少城市，如宁波、杭州等地的社区，积极推动社区各类组织及居民参与、共同协商社区重要事务，相继出台了整合居民意见、调解邻里关系、推进社区事务治理的《居民公约》《社区公约》《楼幢准则》等，为居民邻里交往与互动提供了规则。这些微治理规则和微文化建设具有重要的意义：一是能够激发多元主体参与的积极性，形成协商共建社区的文化理念；二是居民在参与的过程中，能够真正体会到自己的公共影响力，从而增加公共精神；三是促进了邻里交往，提升了社区认同感。在这方面，宁波一些社区推动的《居民公约》制定过程和实践效果具有借鉴意义。

3. 需求导向机制

社区建设的核心是“服务”，而服务则是从居民群众的需求出发，以培育发展相应的社会组织，提升强化社会工作专业能力，以更多的资源、更好的方式解决社区治理服务中的难题为手段，达到让居民满意的服务目标。从“十一五”以来，浙江省一直坚持以人为本、服务群众的目标，把居民的服务需求作为第一信号，把居民满意程度作为检查工作成效的第一标准，促进社区服务覆盖到所有居民，推动城乡社区公共服务均等化，满足城乡居民多层次、多样化的物质文化生活需求。根据这些需求，浙江省在全省范围内建立了覆盖城乡社区的基本公共文化服务体系。各地采取新建、扩建、改建等办法，推进以街道文化中心、社区文化中心、社区文化广场、社区文化活动室等设施建设。例如在应对老龄化方面积极发展社区居家养老服务，截至2014年年底，建成城乡社区居家养老服务照料中心13140个，居家养老服务站16400个，社区老年活动中心23900个，基本覆盖了城市社区和75%以上的农村社区。2015年，浙江省的目标是新建5000个社区养老服务中心，使得服务对象占老年人口总数的96%[①]。

（三）特征：“三社文化”的关键词

1. 精致、个性

浙江省将民众需求作为导向，细分服务类型，界定服务主体的功能边界，全面落实“人随事转、费随事转、权随事转”，将社区行政服务归由政府负责，社会组织积极参与社区公益服务与便民服务，社区负责自治服务，并通过信息化、专业化和精细化的手段，打造并提供“精致”服务的服务文化。一方面，浙江省各个县（市）社区，按照城乡一体化、公共服务均等化的原则，规范完善县区、乡镇（街道）、社区三级社区服务网络“一站式”服务功能，延伸社会管理和公共服务事项，统一设立劳动就业、社会保险、社会救助、社会福利和计生等服务窗口，实行服务承诺、限时办结和责任追究。同时根据居民需求，提供代办证照、缴费报销、公益服务、民情诉求、政策咨询等代办式服务；另一方面，各社区通过信息化手段，打造智慧化服务，提高了服务的质量。杭州市上城区在全国率先提出“智慧治理”的理念模式，开发上线了“平安365”智慧管理服务平台，“机器换人”压缩人工介入的环节，通过信息技术平台“一揽子”发现和解决问题。在此平台上，遍布基层的网格信息员采集各类民生诉求、矛盾纠纷、突发事件等信息和社情民意，通过平台上报，政府的联动指挥中心作为这张大网的“主机”和大脑，将群众诉求分类，快速交办到各职能部门和社会组织联动处置。通过“线上”和“线下”利益相关者协商、决策咨询者协商及社会组织与社会群体的组织化协商等，流动铁皮房占用城市道路、无主窨井盖安全隐患、“僵尸车”整治、小区噪声扰民等一批社会治理的“疑难杂症”得到有效处置。

---

①《浙江今年新建5000个社区居家养老中心》，浙江新闻网，http://news.zj.com/ detail/2015/02/28/1567793.html。

“平安365”运行后，杭州市上城区老百姓对政府工作的满意率从原来的82%提高到2014年的95%[①]。

同时，省委、省政府以及民政部门积极倡导特色社区建设，引导县（市、区）结合实际，挖掘区域文化传统、精神特质、发展定位和工作特色，充分整合辖区资源，积极发挥“共驻共建、资源共享、共同服务、共谋发展”的区域化发展格局，创立区域特色鲜明、社会形象良好的核心品牌，并在此基础上分解衍生系列子品牌，形成一区一品、一社一品的“个性”文化，以此推动社区的差异化发展，精细化、特色化服务。2013年起，杭州市江干区启动现代化新型特色社区建设计划，力争实现每个街道（乡镇）每年打造一个特色社区，大幅改善目前薄弱社区硬件条件，增强品牌社区示范效应，初步形成“一居一特”“一街数特”的特色发展格局。江干区120个社区，个个都有自己的文化品牌，社区以打造品牌文化作为发展自身文化的一种方式，在一定程度上丰富了社区居民生活、提高了社区治理能力、保障了居民文化权益[②]。

2. 良善、合作

“公益、慈善、奉献”一直以来是浙江省“三社”发展的关键词，也是“三社文化”中，良善的主要内容。浙江省近年来一直关注和积极发展社会组织公益创投等项目，宣扬和提倡社会工作者和志愿者对于“三社”发展的无私奉献，为营造“良善”的文化氛围出力。2013年，杭州市下城区专门设立100万元公益创投项目资助资金，启动“美丽社区”社会组织公益创投大赛，评出15个社会组织公益创投项目，每个资助5万—10万元，以项目化的方

① 杭州市上城区：《平安365社会治理机制建设》，人民网，http://leaders.people. com.cn/n/2014/0701/c382918-25225393.html。

②《江干区评出10个社区文化品牌》，浙江在线，http://zjnews.zjol.com.cn/05 zjnews/system/2011/11/16/017999548.shtml。

式进行全程管理，保证服务项目贴地化、优质化、精品化[①]。另外，在培养社会工作专业人才的同时，积极构建志愿者服务队伍，发扬奉献精神。积极发展社区志愿者队伍。建立社区志愿者服务系统，试点社区指定社会工作者负责社区志愿者的招募、登记、培训、与全国志愿服务系统数据对接等工作。同时，各社区纷纷展开与社会机构合作，构建社区志愿者服务的良善化。例如，杭州下沙高教社区充分利用地缘优势，与开发区7所高校建立了10支志愿者队伍，并开展长期合作。通过社区与高校志愿者组织的联系合作，推动了社区志愿服务的项目化、常态化、机制化，实现了校地互利双赢。并积极贯彻落实以党委、政府表彰奖励为导向，以用人单位和社会力量为主体，建立了多层次、多样式的志愿者表彰奖励制度，对志愿者的服务记录、行为规范等方面进行规范化管理，建立“时间银行”“积分兑换”等，将提供志愿服务与优先享受志愿服务相结合。并且大力宣传优秀社会工作人才典型事迹，激发社会工作人才的工作热情和创造潜能，营造全社会关心、支持社会工作人才的良好氛围。

此外，在“良善”文化氛围中，浙江省政府和相关部门积极推进“三社”间的有效合作机制，塑造“互补互联，合作共赢”的文化价值。浙江省在社区社会组织（包括跨社区社会组织、群团组织）培育上，积极探索“补贴”“奖励”“委托–代理”（包括托管社区公共服务和设施，如社区青少年中心、社区服务中心、社区老人照顾项目委托社会组织等）、“合同外包”（政府与社会组织、企业签订合同，使用政府提供的资金，由社会组织承包特定服务，并以实现双方既定的公共服务目标为导向的服务机制）等政府购买服务的方式，优先培育各类公益性慈善组织、群众性文体组织、志愿者组织、互益性组织，构建了良好的合作体系。以此在三个层面上提升服务能力和服务品牌：一是开发社会组织，尤其是公益组织“社区服务平台”业务模

---

①《杭州下城区100万专项资金助公益种子萌芽》，浙江在线，http://zjnews. zjol.com.cn/system/2013/11/19/019711331.shtml。

式，通过从政府手中托管社区服务中心、社区青少年中心、社区居家养老中心、社区文化中心等公共空间，整合政府、企业、居民等各方力量，依靠专业化力量，提升社区服务水平；二是为各类服务型社会组织进社区开展业务提供帮助和便利；三是利用自身优势，直接孵化和培育社区社会组织。2013年，宁波市建成全国最大社会组织“孵化群”，直接孵化和间接支持的社会组织超过2800个，70余万人享受到了这些社会组织提供的个性化服务。并举办公益洽谈会，邀请政府部门、企业和个人“认领”社会组织推出的公益项目。仅市、县两级12个社会组织服务中心就为502个项目募集到了1968万元资金[①]。

3. 融合、参与

浙江省在居民文化认同和融合建设上，积极建立社区内部融合机制，从制度、规则、文化等层面加强各种居民的融合。杭州、温州等地社区以活动为载体，推动社区文化认同。一方面，积极完善社区文体活动设施和公共空间建设，使得居民的文体活动、公益服务活动、便民利民服务能够向社区聚集，推动社区服务中心变为社区中心。在社区服务中心开辟了较多的社会组织入驻与活动的空间，形成集办公、公共服务、便民利民服务、志愿互助服务为一体的社区中心[②]。另一方面通过举办社区活动和发展邻里关系，积极营造社区文化共同体。各地普遍建立了社区文化娱乐文化队伍，通过举办社区邻里文化节、社区运动会、送文化进社区等活动，丰富居民日常生活文化。很多地方以“邻里节”“邻居节”“社区日”“百家宴”“饺子宴”及其各种邻里互助服务形式，推动社区邻里文化建设，促使社区居民相互熟稔、互助互爱，加强社区整合与社区团结。杭州市于2004年率先在全国举办了第一个省

---

①《宁波建成全国最大社会组织孵化群》，人民网，http://nb.people.com.cn/n/2013/1222/c200904-20202866.html。

② 陈建胜：《从社区服务中心到社区中心：公共空间的社会性锻造》，载《浙江学刊》2013年第6期。

会城市的邻居节，全市700多个社区每年组织100余万市民参加各种形式的邻里活动。同时以复合型宣传为导向，提高居民对社区的认同度和参与度，在已有的社区工作者或村干部宣传、社区举办活动等方式下，推进大众媒介宣传、互动媒介宣传和人际传播方式方面的复合联动，在邻里互助、宣传教育等方面积极推进了社区和谐生活。

在构建浙江省基层社会治理新格局，推进“三社”有效运行机制建设的过程中，多元参与、协商民主的机制起着重要作用，进而“居民参与”也成了“三社文化”中不可或缺的部分。宁波市在社区居民广泛参与的基础上，让社区与居民充分协商，建立适合各自社区的《社区居民公约》，以软性的制度与规则，激励、约束居民的行为，提倡公民公共精神和公共参与。宁波市于2011年开始探索由社区居民委员会联合物业公司、开发商、社区企业等多元主体参与制定，整合了社区居民意见的社区公约制度，用来破解社区微观治理中存在的“老大难”问题和“新热点”。宁波市鄞州区首南街道的金色水岸社区在2011年4月率先开展制定社区公约活动。社区居民委员会干部首先向社区居民发出倡议，然后上门请社区居民提出详细的公约条目，进行汇总后进行类型化，通过社区论坛、社区楼道和社区公开栏张贴发布，然后再组织物业公司、开发商、驻社区企事业单位和居民代表、业主代表共同参与讨论会商，形成草案性质的居民公约，再通过各种渠道进行发布，最后形成了28条社区公约。该公约涉及环境卫生、邻里关系、公共财物、停车秩序、文明礼貌等多个方面，覆盖了社区生活的方方面面。这个公约并不以命令或者强制话语等方式进行，而是代以倡议和居民自觉履行的方式进行，经过两年多的实践和推广，社区里的不文明行为明显减少，居民相互协调和互帮互助行为显著增强。此外，宁波一些社区还探索了《群租公约》《生态治水公约》《新居民公约》《和谐公约》等诸多形式的社区居民公约，在社区内部事务治理方面产生了积极效果。

三、推进浙江“三社文化”建设的思路与对策

我们要正视社区文化建设和“三社联动”发展过程中出现的问题，确定以社区文化建设为基础，以社会工作专业人才队伍、社会组织建设为重点，以活动为抓手、以制度文化建设为核心的“三社文化”建设的总体思路。

（一）发展主义逻辑下社区文化建设和“三社联动”中的问题

当前，社区文化建设还面临不少问题。第一，“睡城”问题：缺乏认同感和归属感。在沃斯（Wirth，L.）看来，城市的本质就在于其差异性，城市本身是由具有社会差异的个人所组成的较大规模、较大密度和永久性的聚落，可是，这种差异性与人性并不十分相容，正如卡斯特（Manuel Castells）所言，从内心渴望来看，“人们总是会拒绝个体化和社会原子化的过程，而更愿意在那些不断产生归属感、最终产生文化认同的共同体中聚集到一起”[①]。在中国，计划经济体制下的居住地与职业的关系以及居民的稳定性不断被削弱，市场经济体制下的人口自由流动不断加速，社区居民呈现出多样和多变的趋势，不同来源地、职业身份、思想意识、生活习惯的居民在社区交会和流变。今天的中国城市社区，邻里关系疏远了，相互之间帮助少了；个体维权意识增强了，纠纷调解多了；社区组织公共活动困难了，居民自发集体行动容易了。如此等等，不一而足。总之，居民缺乏把社区当作家园的认同感和归属感，甚至把它仅仅当作栖身之所，有些社区被人们戏称为“睡城”。问题的另一方面是，对于当前中国的社区建设来说，相对于利益共同体的构建，意义共同体的培育任务更加艰巨。当今中国是一个价值观念开放多元的时代，各种社会思潮纷繁复杂，人们的价值观念高度分化，如何引领多样、多变的

① 黄家亮：《社区文化建设与社会生活共同体构建》，《中国文化报》：http://epaper.ccdy.cn/html/2010-07/23/content_28752.htm。

社会思潮，最大限度地凝聚思想共识，形成基本的社区认同却是一个难题。

第二，信任度问题：社区内部的低信任度，缺乏合作的精神和能力。在中国传统社会中，信任主要建立在血缘和地缘关系的基础上，“信任”社会资本的存量都较丰富。传统型社区中，由于居民流动性小，便于建立稳定持久的关系，信任更容易产生，居民之间彼此了解和熟悉，都是典型的“熟人社会”。自改革开放以来，社区人口流动性增大，造成邻里之间往来越来越少，缺乏足够的了解。在利益多元化的社会，契约是重新建立社区信任的基础，而这恰恰是当前中国社会所缺乏的。社区中原有的关于合作的内生规则，包括道德舆论约束对居民不再那么有效了，对道德和规则的漠视，使得失范行为增加，个人利益、短期利益为先，合作愈加困难。加上城市社区居民居住方式的改变，造成公共空间的萎缩，由此带来的是人与人之间的沟通合作的可能性大大减少。

第三，人际关系问题：日常生活公共化，人际关系疏松化，人际关系冷漠与关系网络缺乏。中华民族历来重视邻里关系，中国传统文化讲究与人为善、助人为乐，注重人情味和人与人之间的联系，对于邻里关系也非常重视，所谓“远亲不如近邻”，强调邻里之间保持和谐的关系。可以说，关系本位是中国人在社会互动中的基本取向。可是，现代城市社区的邻里关系在日趋淡化。居民之间十分融洽的关系，在不少居民的心中已成为一种美好的回忆。在许多居民心中，社区仅仅是一个居住地，而非社会关系网络的中心。许多调查显示，当社区居民遭遇困难，需要获得帮助时，首先找的是亲戚、朋友、同学，或者同事，能够主动寻求社区组织或者邻居帮助的比较少。这就是说，社区居民关系网络的主体在社区外，而不在社区内部。人际关系冷漠、关系网络缺乏自然又与交流渠道减少、交流时间减少、交流的平台减少和交流动因减少有关。正如郑杭生教授所分析的，随着现代化特别是城市化的快速推进，中国社会同样开始了两个相互联系的过程：日常生活公共化和人际关系疏松化。日常生活公共化给人们的生活带来了便利的同时，却造成社会越来越受利益驱动，因而家庭、邻里、社区等传统的联系纽带受到侵蚀，其结果是人际关系疏松化：“人们越来越为赚钱而奔忙，朋友关系、邻里关系、甚至夫妻关系、亲子关系都在不同程度上淡薄了，人与人之间，往往是‘事不关己，高高挂起’，社会变得越来越‘原子化’。”①

第四，社区参与不足的问题。一方面，“作为社会主要成员的职业群体的主要生活空间不在社区内”；另一方面，由于居民间缺乏信任，“加上社区资源匮乏和整合难度加剧，社区流动人口众多”，导致社区参与的积极性严重不足。社区居民对社区活动的参与，更多的是被动性的，社区中大部分成员为一项共同的工作而进行合作的情况较少发生，居民之间体现出一种很低的社区关联度。

以上这些问题，并非中国现代化进程中所特有，而是世界现代化过程中普遍出现的一种“城市病”。在人类社会进入工业化社会之后，相伴而来的是一个城市化的进程。工业化、城市化破坏了原先自然而然形成的“自然社区”和田园生活区，驱使相当一部分人口再次进入不稳定的流动状态。当人们从一个以“熟人社会”为显著标志的乡村社区聚集到一个“陌生人社会”的城市之中，彼此间毫无诸如传统的血缘、亲缘或地缘之类的可供依靠的社会关系和社会支持，“人文资源”的丧失，使他们深切地感受到隔绝、寂寞、失落、无助乃至无望。不过，需要指出的是，以上这些问题，除了普遍相同的社会背景外，还与中国社区建设中的发展主义的建设思路有关联。中国的社区建设尽管思路各不相同，但主流的或者基本的倾向还是发展主义的建设思路。导致这一结果的根本原因在于：我们的治理思路在一段时间里基本上仍然属于发展主义范畴，主要强调经济层面的发展，而忽视公共层面的建设。在具体的做法上，我们过去通常仅仅把社区看作是一个地理意义上和经济意义上的单元或区域，往往通过加大经济、物质方面的投入来加强社区的治理，强调的是修桥修路、通电通网等基础设施建设，忽视了人的认同感、

① 郑杭生：《社会学理论视野中的社会矛盾》，社会学视野网：http://www.sociologyol.org/yanjiubankuai/ xueshuredian/zhongguorenmindaxuezhongguoshehuifazhanyanjiubaogao2007/2007-06-25/2585.html。

安全感以及凝聚力等要素的激发与整合。所以，这些问题或困境的存在，促使我们必须首先在理论和认识上超越发展主义的逻辑，反思以往社区建设的思路，这其中，社区建设走向“三社联动”就是一个重要的推进。

尽管在我们的理念与设想中，“三社”是一个生命有机体，“社区”是它的“躯体”，“社会组织”是它的“器官”，“居民参与”是它的“血液”，因此“三社联动”应该“不是各自为政，而是‘你中有我、我中有你’”。目前，“三社”还很难说已经是一个生命的有机体。

第一，认识不足，体制不顺。部分政府部门对“三社联动”工作重视不够，“社会主体结构的行政化倾向仍十分明显，政府垂直管理思维和行为方式并未得到根本性改变”[①]，致使社区、社会组织和社工人才培育发展步伐不快。杭州市民政局副局长杨英英明确指出，“三社联动”是联结社区、社会组织、社区工作者的有效载体，但“三社联动”的理念问题、机制建立问题有待于进一步加以解决[②]。

第二，政府购买服务和税收优惠政策落实不到位。目前部分政府部门没有全面落实购买服务的职能，没有配套落实“费随事转”的政策。有些地方的社区服务项目、社会组织重要活动和社会工作者经费等保障不力，社区活动难以正常开展。

第三，社区管理职责履行不到位。由于工作多、待遇低等原因，部分人员思想不稳定，影响了队伍的整体稳定。

（二）培育与建设社区文化

尽管人们对社区文化建设的作用一向都是肯定的，但现在看来，社区文化

① 尚清：《激发社会活力 创新基层治理——基于浙江省基层社会治理主体培育的视角》，浙江省民政厅网，http://www.zjmz.gov.cn/il.htm?a=si&id=4028e48149dbe76f0149df86ad75000b。

②《浙江省民政厅推进“三社联动”工作座谈会在上城区召开》，浙江省民政厅，http://www.zjmz.gov.cn/il.htm?a=si&id=4028e4814702c0f60147231c5e9a01cf。

建设对于基层社会发育、社区建设的意义还是严重地被低估了。现在我们要实实在在地推进城乡社区建设，就必须由社区文化开始，重视社区文化建设。

党的十七大报告指出，要把城乡社区建设成为“管理有序、服务完善、文明祥和的社会生活共同体”。“社会生活共同体”意味着要让社区居民在自主管理社区事务中，逐步形成共同的价值观念和行为规范，形成共建共享、休戚与共、富有文化活力的“共同体”。文化是社会的灵魂。社区文化是培养社区居民自我教育和自我管理能力，是建设“社会生活共同体”的最好途径。

由于认识等方面的问题，在社区文化建设方面还存在一系列的问题需要解决，例如社区文化建设主管部门不明确，各种关系有待进一步理顺，有关法律法规有待建立和健全，文化工作意识欠缺，队伍建设问题值得深入思考，传统文化开发力度不够，“人文环境”打造欠缺纵深，社区现有资源的利用不够充分，存在一定的资源闲置和浪费现象，等等。但是，也出现了不少值得借鉴的经验，例如宁波和上海在社区文化建设方面的经验就值得关注与借鉴。

加强社区文化的培育与建设，主要应从以下几个方面着手。

1. 完善社区文化体系

城市社区文化是一个多层次的体系，为此，需要从整体角度加以思考。这个文化体系主要是由四个方面组成：环境设施、行为模式、组织制度和精神文化[①]。环境设施是城市文明的物质载体，是社区文化建设的硬件，环境设施的风格还折射出社区的文化品位和特色。行为模式或生活方式是社区文化的重要层面，它体现在社区居民的交往、生活、娱乐、学习等行为过程中。组织制度是社区中的人们在交往、生活、娱乐、学习等活动过程中形成的组织机构、规章制度等。精神文化是社区文化的深层次内容，也是社区的无形资产。社区精神文化又有心理层面和价值观念层面之分。心理层面的社区文

---

① 杨贵华：《重塑社区文化，提升社区共同体的文化维系力——城市社区自组织能力建设路径研究》，载《上海大学学报》(社会科学版) 2008 年第 3 期，第 95 页。

化是社区共同体的集体无意识，而社区价值观念则是社区精神文化的理性层面，也是整个社区文化体系的内核。精神文化重在建设，既要润物细无声，又要自觉地去培养。例如，自2004年起，上海市大胆推进文化体制改革，打破条块分割，贴近基层，构筑公共文化服务体系，推进社区文化建设与繁荣。

2. 重塑和培育现代社区精神

“社区的真正本质是社区精神——社区精神理念，人们通过参与社区生活，形成对于自己生活和工作社区的认同。”[①]社区精神的培育才是问题的核心、才是根本。

第一，重塑睦邻精神。19世纪80 年代起，英美国家城市社区工作者和志愿者率先开展“社区睦邻运动”，而中华民族素有注重邻里关系、人情交往的传统，“远亲不如近邻”，但在现代城市社区中，这种传统已严重萎缩了。目前我国的社区文化建设中，要继承这一传统，努力营造守望相助、和睦相处的氛围，构建“社区大家庭”生活气息和氛围。例如，有些社区试图通过举办“邻居节”等方式打造睦邻文化，开展丰富多彩的群众性文化活动。宁波市江北区白沙街道社区邻居节的活动搞得有声有色，富有成效。白沙街道通过开展评选“十佳好邻居”、签订邻居公约、发放睦邻卡等系列活动，积极倡导“互知、互爱、互敬、互助、互促”的邻里新风尚，加深了社区群众间的理解、沟通、关爱和帮助，在街道建立起和谐温馨的新邻里关系。

第二，培育社区公共精神和平等合作精神。以社区成员的利益和需求为纽带，鼓励居民积极参与社区公共事务，关心社区公益事业，自觉地维护社区公共秩序和公共利益，营造“大众创造、全民参与、人人享受”的精神氛围。以文化为纽带，培养共同的社区意识，担负共同的责任，提高居民参与度。居住在同一社区，居民在环境保护、生态绿化、住宅维护、卫生治安

---

① 丁元竹：《社区与社区建设：理论、实践与方向》，载《学习与实践》2007 年第 1 期，第 24 页。

等方面有着共同的利益诉求，需要合作行动，而有效的合作又离不开合作精神作支撑。同时，这种合作精神又要以平等精神为前提。例如，宁波市江东区就相当重视社区精神的培育，每个社区都创作了一首表达共同理想信念的歌曲，以激励社区居民团结一致。华光城社区居民所编撰的《华光城社区之歌》就是表达了该社区居民的心声，而百丈街道划船社区的《划船之歌》也已成为该社区的一大精品，并形成“八心”（忠心献给祖国、真心献给事业、爱心献给社会、热心献给社区、孝心献给父母、诚心献给朋友、关心献给他人、信心留给自己）和“九情”（夫妻恩爱情、父母养育情、公婆体贴情、叔伯同根情、兄妹手足情、婿媳敬老情、姑嫂姐妹情、儿女孝顺情、邻里互助情）的社区情怀。江东区也因此被中央文明办确定为全国公民道德建设先进典型。

3. 建立社区文化的共建共享机制

作为居民共同的家园，社区建设包括社区文化建设都需要社区居民、社区组织和驻社区的单位共同参与。“社区文化建设是营造精神家园的建设，更有赖于在共建中共享，在共享中共建。”[①]在社区文化建设中，文化活动是社区居民日常生活不可或缺的重要内容，因此，要以各种“文化活动”为载体吸引广大居民共同参与，进行社区文化的共建共享。浙江省宁波市社区文化建设工作起步较早，从2001年全面推进社区建设工作以来，宁波市委、市政府在领导全市人民加大建设文化大市目标的进程中，将社区文化建设作为加强精神文明建设、构建和谐社区的重要途径。而抓载体、抓活动是宁波市城市社区文化建设取得成效的一个重要经验。例如，从2003 年开始，宁波市举办社区文化艺术节，每年举办一次，基本上每年有大活动、每季度有中活动，每天有小活动。随着网络技术的发展与普及，由于互联网信息具有资源

---

① 杨贵华:《重塑社区文化，提升社区共同体的文化维系力——城市社区自组织能力建设路径研究》，载《上海大学学报》（社会科学版）2008 年第 3 期，第 96 页。

丰富、传播速度快、覆盖面广的特点，因此，社区网络平台越来越成为社区文化建设的一种主要形式。“在城市社区居民直接交往减少的现实情况下，要充分重视互联网这一媒介，建好社区网站，管好社区网站，用好社区网络这一平台，形成健康、文明的社区网络文化，并通过社区网络平台和社区QQ，聚集人气，联络感情、增进共识，带动社区精神文明建设的进步。”[①]要充分运用网络服务平台（例如，浙江省民政厅力推宁波市81890社会服务平台）推动社区文化的共建共享。

此外，挖掘与开拓社区文化传统。社区的历史传统是社会建设中的宝贵资源。因此，需要积极挖掘社区的历史传统，作创造性转换使之成为凝聚社区精神、促进社区认同的载体，服务于现代城市社区建设。

（三）创新“三社文化”建设的载体和抓手

相对于传统的“共同体”而言，当代的社会中基于传统阶级结构基础的群体认同与阶层意识已经不可能存在，取而代之的是基于个人主义为基础的社会态度和意识形态的“碎片化”，由此出现了大量社会问题和新社会运动。为了加强社会联系，建立新的社会秩序，需要创建新的社会文化为之服务。

表6-1　“三社文化”的制度保障措施重要性表

制度措施	频数	%
社区节	406	17.1
新邻里文化	626	26.4
志愿服务	665	28.0
社会组织公益创投	632	26.6
其他	45	1.9
总计	2374	100.0

① 杨贵华：《重塑社区文化，提升社区共同体的文化维系力——城市社区自组织能力建设路径研究》，载《上海大学学报》（社会科学版）2008年第3期，第97页。

浙江省民政系统顺势而为，提出了“三社文化”建设这一提法，并创设了相关的制度措施促进“三社文化”的形成。2014年12月至2015年1月，课题组分别从浙江省民政厅、11个地市级民政局、90个县（市、区）民政局，随机抽取了1023名调查对象，进行了《浙江省民政文化调查问卷》调查。数据（见表6-1）表明，志愿者服务这一制度设计在基层民政工作者心目中的重要性最高，而新邻里文化的促进与社会组织公益创投次之。

（四）建立并强化“三社联动”的经费保障机制

采取政府资助、扶持和社区、社会组织、社会工作专业人才发挥潜力等多种手段筹资。一是建议各级政府采取委托、购买服务的形式，将社区专项公开服务项目、社区工作者培训、社区公益设施管理维修等工作转移给社区社会组织或社会工作者来做。政府或有关单位交给社区社会组织或社工工作任务时，实行费随事转，更好地落实政府购买为居民提供人性化、专业化公共服务职责。二是制定落实扶持城乡社区、社会组织发展和社会工作专业人才的政策，争取财政经费支持。要将社区重点社会组织培育发展经费、社会工作专业人员工资以及服务设施等项目经费纳入财政预算，保证一定的投入，为社区社会组织和社会工作专业人才发展提供有力的经费政策支撑。三是坚持开展福利服务与经营性服务相结合，无偿、低偿和有偿服务相结合，多种渠道筹措经费。社区社会组织和社会工作专业人才应以服务为宗旨，积极探索市场化、产业化的新路子，鼓励个体、民营等企业人员，通过投资入股、合伙经营等形式，开办社区服务项目。对于特困群体，通过政府购买服务的方式保证他们能够享受到应有的服务；对于那些纯粹公益性、福利性的服务项目，则通过资金补贴的方式维持正常运转；对于那些以提高居民生活质量为宗旨的服务项目，如居家养老、家教家政服务、职业培训等方面，应根据居民不同需求，做到自收自支、独立经营，把福利、微利和经营性服务结合起来，以满足社区居民多样化、多层次的需求。

（五）加强专业社工人才培养，强化“三社文化”建设的人才保障

建立一支宏大的社会工作者队伍，为“三社联动”和“三社文化”建设提供人才支撑。加大社会工作岗位开发力度，推进社会工作职业化。社会工作者是社会建设的重要力量，是社会发育、成长、成熟的重要推力，加快建设一支结构合理、素质优良的社会工作者队伍，已成为新形势下各级党委和政府的一项重大而紧迫的任务。目前浙江省每年培养的社会工作专业毕业生多数没有从事专业社会工作，一个重要原因就是缺少相应的岗位。要深入调查研究，制定相关政策和法规，明确社会工作岗位的设置领域和配备要求，推进岗位设置工作。各级党政机关要加快职能转变，充实社会管理和公共服务部门，配备社会工作专门人员。工会、共青团、妇联组织以及其他负有权益保障、社会救助职责的人民团体，各类社会福利、社会救助和社区服务等机构，医院、学校、司法矫治机构等单位，可以通过岗位调整、增设专门的社会工作岗位等方式，配备专业社会工作人员，较大的企业、事业单位也可以根据实际情况设置专职社会工作岗位。制定完善扶持政策，大力发展公益性社会团体和民办社会服务机构，拓展社会工作人才施展才能的空间和舞台。同时要解决好现有社会工作从业人员的平稳过渡问题，建立针对非专业在岗实际社会工作者的培训制度，做好社会工作专业理念和实务操作等方面的教育。

为此，还要扎实推进专业社会机构建设，健全社会工作服务网络体系。社会工作实施的主体是各类社会工作专业机构。机构服务的多元化和专业化是未来社会工作发展的一大趋势。为了顺应这一趋势，应注重培育和发展一批专业社会工作机构。以社区建设为平台，确立社会工作运行机制。以社区为平台，以各类专业社会工作机构为载体，以专业社会工作者为抓手，创建“社区、社团、社会工作”三社互动和“社会工作者、义工”两工联动机制，确立“政府主导、社会参与、民间运作、社会工作引领、义工服务、群众得益”的社会工作运行机制。“建立社会工作嵌入社区服务机制，不仅使工

作方法从经验式传统帮扶模式转变为专业化社工介入模式，实现了服务资源从单一的政府资源扩展到家庭、社区、志愿资源的整合，而且也使服务内容延伸到信访维稳、社区矫正、青少年工作、老年人工作、残疾人工作、社会救助、民间纠纷调解等诸多方面，从满足服务对象的物质需求发展到全面关注服务对象的精神社会需求，实现了社会服务的升级。”[①]打破“自上而下”的行政性传统工作模式，采取一种科学化、专业化、人性化、大众化的方法开展公共事务的管理，逐步理顺社会工作与政府、社区、机构、居民间的关系，形成运转流畅、资源共享、和谐互动的工作运行机制，促使政府转变职能，降低管理成本，整合人力资源，扩大社会参与，推动社会民主法制的进程。在建设一支宏大的社会工作人才队伍的过程中还应该注意专业化与群众性相结合，注意专业社会工作与志愿者服务相结合。志愿者也是社会工作人才队伍的一个方面。除了继续扩大志愿者队伍的规模外，还应该通过组织体系建设、制度建设和人员培训来提高志愿者的稳定性和专业素质，并不断地提高其服务水平。

总之，在现代大民政的框架下整合社区、社会组织、社会工作人才三方资源，以社管社、以社孵社、以社助社，“三社联动”，形成浙江特色的“三社文化”。

四、小结

综上所述，浙江省以社区为平台，社会组织为载体，社会工作专业人才为支撑的“三社联动”机制为架构，以政府行政化支持为基础，凭借“整体性治理、联动式发展”的理念和思路，通过社区、社会组织与社会工作者三方主体的参与协作，依靠资源共享、多元参与、需求导向等运行机制，逐

① 尚清:《激发社会活力 创新基层治理——基于浙江省基层社会治理主体培育的视角》，浙江省民政厅网，http://www.zjmz.gov.cn/il.htm?a=si&id=4028e48149dbe76f0149df86ad75000b。

步形成“精致、个性，良善、合作，融合、参与”的“三社文化”，在浙江省民政事业以及民政文化建设方面，起到了不可小觑的作用，通过“理念带动实践”的思路和方式，以培育先进科学的“三社文化”为着力点，发挥社区、社会组织和社工在实践中的良好作用，从而在具体项目治理上实现政府、社会组织、企业组织之间的合作优化，增强社会合力，发挥民政优势。

另一方面，通过培育社区文化建设，塑造社区精神，创新“三社文化”的载体与抓手、保障建设经费和加强社工人才培育的优化路径，以此来解决在社区发展主义逻辑下“三社文化”建设和“三社联动”存在的认同归属感不强、信任度低、参与不足等问题，我们可以发现：理念层面上的“三社文化”以及民政文化建设和实践层面上的“三社联动”机制，厘清国家、市场、社会关系的改革仍然具有较为明显的过渡性。这就更需要浙江省立足于“城乡社区衔接”，推动“城乡社区建设”，通过“行政化推动”和“社会化培育”的双重作用，以“三社联动”的治理体系为架构，有效增强社区建设、社会组织和社工文化，构建先进和科学的“三社文化”体系，进而推动浙江省民政文化建设。进一步以良善的治理结构和先进的文化理念引领改革，推进政府、市场、社会良性互动的试验性实践，降低或避免出现“失灵”——政府失灵、市场失灵和社会失灵——的不良局面，高效推进浙江省民政事业的建设与发展。

第七章
双拥文化：浙江“军民融合式发展”之路

作为一种民政文化形态，双拥文化是民政文化的有机组成部分，并且独具中国特色。双拥工作的根本目的是密切军政军民关系，为完成党在各个历史时期的中心任务而服务，因此是以密切军政军民关系、构建和谐社会为价值取向，以倡导、研究、阐释、传播军政军民和谐理念为主要内容的一种文化形态。拥政爱民、拥军优属是我国的光荣传统。民政部门的主要工作是宣传双拥文化、推进省级双拥模范城（县）创建、完善优抚安置保障体系、促进政策法规落到实处。浙江省充分发挥双拥工作平台作用，完善优抚保障政策，深化安置改革，促进军政军民和谐发展。随着全国双拥模范城（县）创建工作深入开展，全省共有15个市、县（市）荣获全国双拥模范城（县）荣誉称号。优抚保障服务不断完善，各项优抚政策全面落实，修订出台《浙江省军人抚恤优待办法》。与此同时，浙江省积极推进双拥文化建设，走出了一条“军民融合式发展”之路。

一、“军民融合式发展”之路：浙江省双拥工作发展的历程

1991年，全国双拥工作领导小组颁发了关于深入开展创建双拥模范城

（县）的活动意见，遵照国务院、中央军委的批示精神，根据《全国拥军优属拥政爱民工作会议纪要》的要求，为使创建双拥模范城（县）活动健康深入地开展，提出了具体实施意见。而后为了进一步贯彻落实党中央、国务院、中央军委关于做好双拥工作，加强军政军民团结的指示，广泛、深入、持久地开展创建双拥模范城（县）活动，全国双拥工作小组在1991年8月下发《关于深入开展创建双拥模范城（县）的活动意见》的基础上，总结了这几年的实践经验，制定了《双拥模范城（县）命名管理办法》，为推动创建双拥模范城（县）活动广泛、深入、持久地开展奠定了基础[①]。

为响应国务院和中央军委的号召，积极开展创建双拥模范城活动，1991年7月30日，浙江省委、省政府、省军区下发通知，决定在全省广泛开展创建“拥军优属、拥政爱民模范城（县）”活动，按照《浙江省双拥模范城（县）标准》执行，具体包括六方面内容：国防教育常抓不懈，双拥观念深入人心；组织机构健全，形成齐抓共管局面；规章制度完善，双拥活动经常化；军（警）共建富有成效，具有良好的社会风尚；优抚政策落实，安置工作成绩明显；军政、军民互相尊重，关系融洽。

1992年2月12日，浙江省政府办公厅在总结上一年双拥工作的实践情况之后，发出《关于进一步做好拥军优属工作的通知》，要求各级政府和有关部门妥善安置部队干部随军家属；抓紧解决地方和军队之间有争议的问题；继续支持部队发展农副业生产和军办企业；切实解决军队干部子女入学和未随军的现役军官、志愿兵家属的住房困难，重申不准向部队摊派钱物和严控向部队募捐；协助管理好军事禁区和军事管理区；继续办好军用饮食供应站等。

1993年6月29日，浙江省政府办公厅印发《关于帮助驻浙部队加快发展经济的通知》，提出了帮助驻浙部队发展生产经营的10条优惠政策，同时还决定

---

① 全国双拥领导小组关于颁发《双拥模范城（县）命名管理办法》的通知（国拥［1993］5号）。

省级部门挂钩扶持部队的骨干企业，从信息、技术、供销等多方面进行帮助。

为解决好现役军人子女的入学问题外，1995年3月，浙江省教委下发《关于做好现役军人子女入学工作的通知》，要求各级教育主管部门，主动关心所在地部门现役军人子女的入学问题，保证随军落户后的现役军人子女就近进入当地小学、初中就读，户口不在驻地的也积极安排他们就读，并不得收取国家规定以外的费用。对非义务教育的学校，在招生录取的过程中，对现役军人子女在同等条件下予以优先照顾。同时，省政府下发《关于进一步发展军政军民关系支持部队建设有关问题的通知》，要求全省各地加大双拥宣传和国防教育的力度；加强对军事设施的保护；努力为部队建设创造条件；保质保量保障军粮供应；做好部队转业及退伍人员安置、部队随军家属就业和子女入学工作；大力扶持部队发展农副业生产。8月，浙江省双拥办印发《浙江省双拥领导小组、办公室职能和工作制度》，明确省双拥领导小组的主要职责是：统一指导和协调全省的拥军优属、拥政爱民工作，研究双拥工作发展战略，制定有关政策法规；协调处理军地关系中一些重大问题；组织交流情况，推广先进经验，表彰先进典型；承办省委、省政府领导交办的有关事项。至此，浙江省双拥工作进入全面细化和完善阶段，双拥工作的各项细节也在不断完善。

除了现役军人子女的入学问题，浙江省政府也关心随军家属的就业问题。1997年7月，浙江省政府办公厅转发《浙江省劳动厅等单位关于解决部队随军家属就业问题若干意见的通知》，规定在原籍有工作的部队家属随军后，可对口调入驻地同行业单位，驻地单位无特殊理由不得拒绝接收；不得安排随军家属下岗，企业因破产、停产等原因致使部队随军家属下岗的，企业主管部门应负责在本系统内调剂，进行妥善安置。同时在税收、用工、技能培训等方面给予优惠政策。经过6年的实践，浙江省政府也在不断总结双拥工作中出现的问题，并积极寻求解决的办法。1998年8月21日，浙江省政府印发《浙江省拥军优属若干规定》，这是浙江省出台的第一个关于拥军优属工作的综合性政策文件，是对以往拥军政策的整理归纳和补充修改。

双拥工作除了对军人、军人家属和子女提供优抚工作以外，也包括创建和评选省内双拥模范城。关于浙江省双拥模范城（县）的评选活动，浙江省政府也在不断地完善相关条例。自1995年4月13日，省双拥领导小组印发《浙江省双拥模范城（县）命名管理办法》以来，省市各方面也在不断地细化相关条件，让双拥模范城的评选条件更为明确。《浙江省双拥模范城（县）命名管理办法》是评选双拥模范城的一个起点，它明确了双拥模范城（县）的基本标准，规定由省双拥领导小组根据基本标准提出每届省双拥模范城（县）评选的具体要求。而1999年3月2日，省双拥办印发《浙江省双拥模范城（县）考核办法（试行）》则将各项条件作出了更为明确的规定，该考核办法规定了评选内容和规则，并列出了不能获评的几种情况。

时至2004年，为了弘扬双拥光荣传统，增进军政军民团结，推进中国特色军事变革，维护社会政治稳定，促进改革开放和社会主义现代化建设，根据中央有关精神，结合浙江省实际，浙江省委、省政府、省军区在2004年提出进一步加强双拥工作的意见。这标志着浙江省双拥工作进入一个新时代①。双拥工作分别从军地合作、军队建设、拥军优抚安置、国防教育和双拥宣传教育、工作改革创新等方面进行了全面部署。充分认识新形势下加强双拥工作具有很重要的意义。进一步密切军地协作，共同推进全面建设小康社会的步伐。另外，还加大力度支持军队建设，积极适应中国特色社会主义军事变革和军事斗争准备工作的需要。同时，认真落实各项拥军优抚安置政策，深入开展了以爱国主义为核心的国防教育和双拥宣传教育活动，不断推动双拥工作的改革创新。

2009年，浙江省的双拥工作在省委、省政府的领导下，在全国双拥办的指导下，认真贯彻落实胡锦涛总书记关于走中国特色军民融合式发展路子的重要指示精神，坚持以科学发展观为统领，以庆祝新中国成立60周年为主

①《中共浙江省委、浙江省人民政府、浙江省军区关于进一步加强双拥工作的意见》（浙委［2004］20号）。

线，以双拥模范城（县）创建活动为载体，以双拥工作社会化、制度化、经常化为抓手，进一步健全和完善“党政主导、军民共建、社会参与”的社会化双拥工作新机制，广泛开展双拥活动，地方大力支持部队建设，全面落实优抚安置政策，驻军积极参与地方经济、社会和文化建设，为促进社会和谐稳定作出了积极的贡献。2009年，浙江省双拥工作的重点是：以庆祝新中国成立60周年为契机，提高全民国防和双拥意识。以“融合式发展”为统领，推进双拥工作全面发展。以探索创新发展双拥工作为抓手，促进双拥共建工作特色创新。以不断完善优抚安置保障体系为立足点，促进政策法规落到实处。以创建新一轮双拥模范城（县）为契机，开拓创新，推进双拥工作深入开展。

双拥工作以建设社会主义核心价值体系为主线，以坚持军地互动化双拥为主线，以深化“爱心献功臣”活动为着力点，深入开展丰富多彩的双拥活动，进一步增强社会的“荣军”意识。浙江省委、省政府、省双拥领导小组扎实开展了形式多样的教育宣传，把建设社会主义核心价值体系作为广大军民共同的任务和凝聚军心民心的时代灵魂，要求各地各部门结合庆祝新中国成立60周年和国庆阅兵，广泛开展双拥共建活动，用我国社会主义现代化建设的巨大成就激励军民斗志，进一步密切“同呼吸、共命运、心连心”的军政军民关系。

坚持“军民结合、寓军于民”，走出中国特色军民融合式发展路子，推动国防建设和经济建设良性互动，在全面建设小康社会进程中实现富国和强军的统一，是中央对新时期国防和经济建设科学协调发展的新的重要思想和指示精神。浙江省在开展双拥工作的过程中，切实把这一指示精神贯穿其中，使“兴国之举，强军之道”在双拥工作中充分落实。在实践的过程中，浙江省的双拥工作主要围绕国防建设主题、围绕拥政爱民活动、围绕“双支双促”活动，提升了拥军优属水平，解决了热点难点问题，推进了和谐社会发展目标，推动了军地协调发展。

为了走出一条具有本省特色的双拥工作之路，浙江省的双拥工作由实践活动向理论探讨延伸，积极探索具有特色的双拥工作发展路子，与此同时，扎实地开展争创新一轮省级双拥模范城（县）活动，积极探索新时期社会化双拥工作模式。

浙江省的双拥工作以完善优抚对象医疗保障工作为重点，提高优抚对象生活水平；以做好退伍士兵安置工作为重点，保障退役士兵合法权益；以做好涉军群体稳定工作为重点，扎实做好信访工作，建立维稳工作机制，加强工作指导力度。

2010年，浙江省的双拥工作坚持以邓小平理论和“三个代表”重要思想为指导，深入贯彻落实科学发展观，按照胡锦涛总书记提出的“军民融合式发展”要求，围绕服务国家和军队改革建设大局，进一步巩固和加强军政军民团结，军地合力促转型、保发展、维稳定、强国防，拥军优属、拥政爱民在继承中发展，在融合中提升，在开拓中前进，取得了较好的成绩。2010年浙江省双拥工作重点是：按照“巩固、发展、提高”的要求，全省军地各级各单位充分认识做好新形势下双拥工作的重要性和必要性，紧紧围绕“军民融合式发展”新要求，积极探索努力实践，加大力度促进提升，进一步完善建立组织机构，不断改进共建方式，军地合谋共建形式，有效地扩展了共建成果[①]。在新一届双拥模范城（县）创建活动中，掀起了人人关心双拥、支持双拥、参与双拥的新热潮。特色双拥工作全面加强，典型引路全面开花，行业拥军、社区拥军，新经济组织和新社会组织生机勃勃。一是组织领导有力，二是宣传氛围浓厚，三是双拥活动丰富，四是军地互促共进，五是省级双拥模范城（县）命名表彰活动。

心系国防，合谋打赢，着眼新世纪新阶段历史使命，双拥力度持续加大[②]。全省各级党委、政府着眼国家安全形势需要，坚决贯彻落实党中央、中央军委的决策部署，积极推进“五项工程”[③]，把支持和保障军事斗争准备作为重

①② 浙江省民政厅：《2010年浙江省双拥工作主要情况和2011年双拥工作打算》，2010年。

③ 五项工程：一是推进支持战备建设工程，二是推进部队基础设施建设工程，三是推进训练演习支前保障工程，四是推进国防动员建设工程，五是推进科技强军工程。

大政治任务，把科技拥军工作纳入“科技强省”战略，充分发挥地方大专院校、科研院所知识密集、师资雄厚的优势，帮助部队培养复合型人才和科技型人才。

服务大局，促进和谐，抓重点解难点出亮点，拥军环境显著改善[①]。面对改革开放和发展社会主义市场经济的新形势，浙江省各级党委、政府坚持把依法维护国防利益和军人军属合法权益作为爱国拥军的基础工程，不断探索完善制度政策体系，与时俱进地做好随军家属就业、子女入学、退役军人安置和优抚工作。并积极开展关爱功臣、关心海岛部队官兵婚恋、救助困难军人家庭等活动，有力促进了广大官兵安心军营、建功立业。

2011年是实施“十二五”规划的开局之年，也是深入贯彻落实胡锦涛总书记提出军民融合式发展的重要一年。为进一步做好全省双拥工作，推进全省双拥工作发展，开创双拥工作新局面，促进双拥工作更好地服务军地各项事业建设。2011年的工作重点是：做好推荐申报全国双拥模范城（县）的准备工作。围绕全国新一届全国双拥模范城（县）命名表彰大会的召开，贯彻落实省双拥模范城（县）命名表彰大会精神，根据全国双拥工作领导小组新修订的《双拥模范城（县）创建命名管理办法》和试行的《全国双拥模范城（县）考评标准》，进行再动员、再发动、再创建，掀起全省争创全国双拥模范城（县）的新高潮[②]。

围绕军民融合式发展在抓好军地互助互促上力求新成效，深入研究新形势下军民融合式发展的特点规律，积极探索符合省双拥工作发展的新思路、新办法，使拥军优属与拥政爱民整体推进，使政府主导与社会参与相互促进，军民更加团结，军民共同发展[③]。

全面推进复退军人信访维稳“12345”联动工作机制。按照中央和浙江省委、省政府和省民政厅党组的统一部署，建立健全新形势下复员退伍军人

---

① 浙江省民政厅：《2010年浙江省双拥工作主要情况和2011年双拥工作打算》，2010年。
②③ 浙江省民政厅：《2011年全省双拥工作总结》。

稳定工作新机制和新方法①。全面推进优抚对象服务和管理“12345”工作机制，对重点地区和重点人群，密切关注，积极应对，加强部门间沟通协作，确保信息通畅，实现复退军人服务动态化管理。

做好优抚对象抚恤经费“一卡通”发放工作②。根据民政部计划对优抚对象抚恤补助经费发放实施“一卡通”。积极做好优抚对象抚恤补助经费“一卡通”工程的宣传、发放工作。确保“一卡通”工程顺利完成。

切实贯彻落实带病回乡退伍军人有关政策。认真贯彻落实民政部《关于带病回乡退伍军人认定及待遇问题的通知》（民发［2009］166号）精神，及时了解政策执行过程中出现的问题并加以解决。近年来，全省开展“关爱功臣，永葆光荣”的工作成效显著。

多措并举做好退役士兵职业技能教育培训工作③。贯彻落实全国和全省退役士兵职业技能教育培训工作电视电话会议精神，探索做好新时期安置工作新途径，切实做好伤病残退役军人接收安置工作，努力推动开展退役士兵职业教育和技能培训。深化浙江省退役士兵安置改革，支持国防和军队现代化建设，推动科学发展，促进社会和谐。及时总结推广各地的好做法、好经验。

2012年，是浙江省双拥工作的重要一年。一年来，全省各级各单位认真学习贯彻全国双拥模范城（县）命名表彰大会精神，省委、省政府和驻浙部队站在国家安全和发展战略全局的高度，以党的十八大精神和“军民融合式发展”重大战略思想为指导，以科学发展观为统领，积极创新双拥工作举措。富国不忘强军，富民真情惠兵，在大力推进经济社会和部队建设的同时，认真研究探索新形势下支持国防和军队建设的路子，不断丰富双拥工作内容，广泛开展拥军优属、拥政爱民活动，双拥工作在继承中发展，在融合中提升，在开拓中前进，呈现出合力共创的良好态势和蓬勃向上的喜人景象，巩固和发展了军政军民团结的大好局面，促进了经济社会与国防建设协调发展、良性互动。这一年浙江省双拥工作的重点工作主要有以下几方面。

---

①②③ 浙江省民政厅：《2011年全省双拥工作总结》。

以认真贯彻全国双拥模范城（县）命名表彰大会精神为抓手，积极启动新一届双拥模范城（县）创建工作。浙江省共有15个单位被命名为全国双拥模范城（县），实现11个地市“满堂红”，全省双拥工作迈上新台阶①。2012年初，全国双拥模范城（县）命名表彰大会在北京人民大会堂隆重举行，这是全党全军全国人民政治生活中的一件大事。与会代表受到了胡锦涛、习近平、温家宝等党和国家领导人的亲切接见，倾听了温家宝、回良玉的重要讲话，倍感双拥工作在新形势下的重要性和创新发展任务的艰巨性。副省长、舟山市委书记梁黎明召集党委、政府、驻军领导及有关部门同志，与广大军民隆重举行了迎牌仪式，并召开了专题会议，听取大会精神汇报，研究结合舟山实际，进一步做好双拥和创建有关工作。杭州、宁波、湖州、嘉兴、金华等全国双拥模范城（县）单位，举行了议军会议，专题听取大会有关精神的传达，并研究贯彻落实意见。台州、衢州、温州、绍兴、丽水等单位，及时召开了总结创建工作经验暨创建工作再动员大会，表彰了创建工作先进单位和个人，对再创建工作提出了更高的标准和要求。

以制度化规范化为抓手，强化双拥工作机制。全省各地健全完善了双拥工作领导机制，成立了党政主要领导为组长的双拥领导小组，加强了组织领导力度，明确了成员单位工作职责，做到了任务明确，职责清晰，有章可循。全省各地较好地落实了党委议军会议、军地联席会议、双拥工作领导小组会议、重大事件调处和重要信息通报等制度②。

以重大活动开展为契机，全民国防和双拥意识不断增强。全省以迎接党的十八大召开和纪念建军85周年等重大活动为契机，广泛开展国防教育和双拥宣传，有效拓展了双拥工作领域，推进了双拥工作社会化。围绕迎接党的十八大召开、学习贯彻党的十八大精神，广泛开展“赞颂辉煌成就、弘扬光荣传统、军民同心推动科学发展”宣传教育活动，大力宣扬在党的领导下我

---

① 浙江省民政厅：《军地共建展新颜 军民融合谱新篇——浙江2010年以来双拥工作综述》。

② 浙江省民政厅：《2012年浙江省双拥工作主要情况和基本经验》。

国军民团结奋斗的光辉历程，深入开展丰富多彩的双拥活动，进一步提高了全民的国防和双拥意识，同时广泛动员发动军民开展各类纪念活动，展现出新时期浙江军民携手共进、一家亲的生动局面。

以优抚安置体系建设为抓手，拥军优属工作取得显著成效①。全省以完善优抚双拥政策体系为目标，切实加大政策落实力度，广泛开展双拥共建活动，进一步密切军政军民关系，健全优抚工作体系，完善优抚工作机制，切实保障优抚对象基本权益、努力提高优抚对象生活水平，维护优抚对象群体和谐稳定，进一步提升了浙江省优抚双拥工作整体水平。一是全面落实优抚政策，全省抚恤补助标准自然增长机制普遍建立，“四位一体”的新型优抚对象医疗保障体系已经建成，全省优抚对象“一站式”即时结算服务实现全覆盖②，并向乡镇卫生院延伸；二是认真做好军转干部、退役士兵安置工作，全省各级党委、政府始终坚持把军转干部安置作为一项重要政治任务，2012年安置工作实现了部队、地方、转业干部“三满意”；三是暖军心工作深受欢迎，各级党委政府细化落实复转退军人安置、随军家属就业、军人子女入学、军人军属权益维护等政策，开展救助困难军人家庭等活动，先后在全国率先创立涉军维权工作机制，率先把复退军人优待纳入城乡居民养老保险制度，率先将部队管理保障的老红军医疗纳入地方医保体系，每逢重大节日，各级党政领导都要到部队走访，深入基层连队和海防一线看望官兵③。

以参与创新社会管理为抓手，驻浙部队积极投身经济社会建设，在急难险重任务中勇挑重担。在防抗11号强台风“海葵”中，省军区认真贯彻上级指示要求，积极组织官兵和民兵预备役人员抗台抢险，先后出动兵力7万余人次，转移群众5万余人，解救被困群众1500余人④。

2013年，浙江省双拥工作已经上了一个新台阶，这一年的双拥工作以党的十八大精神和“军民融合式发展”重大战略思想为指导，深入贯彻落实

①③④ 浙江省民政厅：《2012年浙江省双拥工作主要情况和基本经验》。

② 浙江省民政厅：《军地共建展新颜 军民融合谱新篇——浙江2010年以来双拥工作综述》。

科学发展观，围绕服务国家和军队改革建设大局，积极创新双拥工作举措，不断丰富双拥工作内容，广泛开展拥军优属、拥政爱民活动，军地合力保发展、维稳定、强国防，双拥工作在继承中发展，在融合中提升，在开拓中前进，取得了较好的成绩。

一是以创建新一轮双拥模范城（县）为契机，推进双拥工作深入开展①。在已有的15个双拥模范单位的契机上，全省军地各级各单位能充分认识做好新形势下双拥工作的重要性和必要性，紧紧围绕“军民融合式发展”要求，积极探索努力实践，加大力度促进提升。在新一届双拥模范城（县）创建活动中，掀起了人人关心双拥、支持双拥、参与双拥的新热潮。特色双拥工作全面加强，典型引路全面开花。

二是心系国防，合谋打赢，军事斗争准备保障力度持续加大②。全省各级党委、政府着眼国家安全形势需要，坚决贯彻落实党中央、中央军委的决策部署，持续推进“五项工程”，把支持和保障军事斗争准备作为重大政治任务。

三是服务大局，完善政策，军政军民关系更加和谐稳定③。浙江省各级党委、政府坚持把依法维护国防利益和军人军属合法权益作为爱国拥军的基础工程，不断探索完善军人维权保障体系，不断完善重点优抚对象生活保障体系和就业安置和培训服务体系，与时俱进地做好随军家属就业、子女入学、退役军人安置和优抚工作④，有力促进了广大官兵安心军营、建功立业。

2014年是深入贯彻党的十八届三中全会提出的“推动军民融合深度发展”的重要一年。为进一步做好浙江省双拥工作，推进全省双拥工作发展，开创双拥工作新局面，促进双拥工作更好地服务军地各项事业建设，2014年双拥工作主要重点领域如下。

抓好党的十八届三中全会精神的贯彻落实，推动军民融合深度发展⑤。结

①②③ 浙江省民政厅:《2013年浙江省双拥工作主要情况和2014年双拥工作思路打算》。

④ 浙江省民政厅:《军地共建展新颜 军民融合谱新篇——浙江2010年以来双拥工作综述》。

⑤ 浙江省民政厅:《2014年浙江省双拥工作主要情况》。

合学习贯彻党的十八届三中全会精神，充分利用报刊、广播、电视、网络等传媒，抓住军地走访、座谈、联谊等时机，广泛开展宣传发动，帮助各级党委政府、驻军官兵认清新的形势任务，牢固树立军民融合、共建共赢的双拥工作理念，激发广大军民双拥创建工作的热情和动力，着力解决新情况新问题，大胆探索新的方法途径，健全充满活力、富有效率的新机制，培育浙江特点的典型经验和特色亮点，努力打造地方特色的双拥品牌，彰显双拥工作浙江元素，开创浙江特色军民融合式发展新路子。

抓好省和全国双拥模范城（县）届中考察工作的深化落实①。大力整改落实全国和省双拥模范城（县）届中考察反映出来的问题和薄弱环节，特别是全国双拥办调研考察组指出的当前军民广泛关注的热点、难点问题，尤其是针对地方开发建设、群众发展生产与维护国防利益和军事安全的矛盾，涉军负面信息影响破坏军队良好形象等问题，加大破解的力度，妥善处理这些难题，全力维护军政军民团结、巩固和发展军政军民“同呼吸、共命运、心连心”的大好局面。

抓好经常性双拥工作落实②。一是做好春节、八一等重大节日的拥军优属工作，有组织地走访慰问部队官兵和重点、困难优抚对象。二是认真抓好各项双拥政策法规的落实，积极为驻浙部队解难事做实事办好事，广泛动员发动全省各地和社会力量拥军优属，切实维护广大官兵、优抚对象和退役军人的切身利益。三是着眼浙江双拥特色，深入开展“六进活动”（进企业、进乡村、进机关、进学校、进社区、进连队），营造社会化双拥浓厚氛围，扩大社会化拥军优属成果。四是大力开展丰富多彩的军民共建活动，以“共建惠民、文化乐民、服务爱民、工程助民、和谐爱民、抢险护民”活动为抓手，模范践行全心全意为人民服务宗旨，大力弘扬拥政爱民光荣传统，利用自身特色优势，在全面建成小康社会中有更大作为。

抓好双拥文化建设，采取多种形式，大力宣扬浙江双拥工作的生动实

①② 浙江省民政厅：《2014 年浙江省双拥工作主要情况》。

践，宣扬爱国拥军和爱民奉献的先进典型，彰显军民团结的强大力量，为全面建成小康社会、加快推进国防和军队现代化提供强大的精神动力[①]。加强双拥文化宣传阵地建设，充分发挥双拥文化广场、双拥馆、烈士纪念建筑物等的宣传教育功能，营造良好的双拥创建工作氛围。大力开展双拥题材的文化创作，广泛开展群众性双拥文化活动，不断增强双拥活力。开展领导话双拥征文、双拥难点热点问题研讨、基层双拥现实问题解析等活动，推动双拥理论研究深入、发展，指导全省双拥创建不断创新发展。

抓好省级双拥模范城（县）评比表彰工作[②]。根据《浙江省双拥模范城（县）命名管理办法》，2015年是新一轮省级双拥模范城（县）的评比表彰年，八一前夕，以省委、省政府、省军区的名义召开大会进行命名表彰。进一步加强对全省双拥创建工作的指导，组织申报单位工作人员培训，采取政策辅导、交流观摩、调研考察等形式，完善规范双拥创建工作程序和资料，不断提高双拥创建工作能力和整体水平，推动全省双拥事业蓬勃发展。

2014年4月中旬至5月下旬，浙江省双拥办抽调省双拥领导小组成员单位骨干同志组成3个考核检查工作组，对全省申报参评的68个市（县、区）展开了考核检查。各市（县、区）各级党委、政府和驻地部队能够认真贯彻党中央、国务院、中央军委和省委、省政府、省军区关于加强新形势下双拥工作、巩固军政军民团结的有关指示要求，在新的起点上扎实推进新一轮创建工作，双拥工作呈现出合力共建的良好态势和蓬勃向上的喜人景象，巩固和发展了军政军民团结的大好局面，为促进经济社会和国防事业全面协调发展作出了重要贡献。主要有以下特点：坚持“六项纳入，六个统一”，双拥组织保障更加有力。深化“六项拥军、六个工程”，创新拓展拥军优属领域。围绕“六项政策，六个群体”，强化优安政策保障体系。突出“六项服务，六个主题”，唱响拥政爱民主题旋律[③]。

---

①② 浙江省民政厅：《2014年浙江省双拥工作主要情况》。

③ 浙江省民政厅：《省级双拥模范城（县、区）考核情况总结报告》。

二、浙江双拥文化的核心理念、特征及其载体与品牌

（一）双拥文化的内涵与特征

双拥工作是拥军优属、拥政爱民工作的简称，属于上层建筑的范畴，是指在中国共产党的领导下，为保障党、国家和军队履行使命，实现全体军民的根本利益而调节军政军民关系实践活动的总和①。它随着中国共产党对中国革命的认识、建军理论的产生和人民军队的建立而发展起来，以正确处理和调解政府与军队、军队与人民之间关系，巩固和发展军政军民团结为根本目的，是人民共和国和人民军队性质、宗旨的重要体现，是党的群众路线的具体运用②。

双拥工作包括三层含义：双拥工作的实质是遵循军民一致的原则，正确处理军政军民关系。我国军民有着共同的理想、信念和奋斗目标，有着完全一致的根本利益。通过开展双拥工作，巩固和加强军政军民团结，使人民与军队同呼吸、共命运、心连心，为实现党的总任务、总目标而奋斗；双拥工作的基本精神是坚持全心全意为人民服务的根本宗旨。国家的安全和社会的稳定，关系着各族人民的根本利益和长远利益。军政军民团结，历来是捍卫国家安全和保持社会稳定的重要因素。做好双拥工作，是为改革开放和现代化建设创造安定的社会环境，是维护国家和人民群众根本利益的重要体现；双拥工作是党的群众路线的具体体现和运用。群众观点是马克思主义的基本观点，群众路线是党的根本工作路线。做好双拥工作，加强军地之间在各个领域的密切合作，维护和保障广大官兵和优抚对象的合法权益，直接关系到军队的形象，关系到人民群众与军队的血肉联系，双拥工作是实现党的群众路线的重要途径。

双拥工作有着深厚的历史文化积淀。革命战争时期，毛泽东同志提出了

①② 操国胜：《改革开放以来双拥工作研究综述》，载《池州学院学报》2010年第5期。

军民一致的根本原则，作出了“兵民是胜利之本”的精辟论断，为双拥工作的形成和发展奠定了理论基础[①]。那时双拥工作的主要任务是帮助人民军队扩充兵员，筹集粮款和军用物资；抢运和掩护伤员，运送军粮和武器弹药，传递情报，搞好战时勤务，优待军人家属、抚恤烈士遗属和慰问部队官兵；尊重地方党委政府，严格执行党的政策和军队群众纪律，热爱和尊重人民群众，帮助人民群众排忧解难。

随着中国革命和建设事业的发展，双拥工作的内容不断丰富，领域不断拓宽，邓小平同志明确指出，军民一致的原则不能变，要根据新的情况，从各个方面搞好军民关系，加强军政军民团结，并倡导开展了军民共建和创建双拥模范城（县）活动，使双拥工作从内容到形式都有了新的发展。

党的十三届四中全会以来，江泽民同志明确要求，一定要站在国家长治久安、民族兴旺发达的高度，把加强军政军民团结作为重大的政治原则紧紧抓住不放，像爱护眼睛一样爱护军政军民团结，巩固和发展“同呼吸、共命运、心连心”的新型军政军民关系。

胡锦涛同志强调，要广泛深入地开展双拥共建活动，加强军政军民团结，形成国防建设与经济建设相互促进、协调发展的机制。

在新时期、新阶段，习近平总书记把双拥工作作为实现中国梦、强军梦的重要内容，强调军政军民团结是我军特有的政治优势：军队要强化宗旨意识和群众观念，积极参加和支援地方经济社会建设，以实际行动为人民群众造福兴利；各级党委和政府要把关心支持国防和军队建设当作分内之事，满腔热情为军队建设、为广大官兵排忧解难。全党全军全国各族人民要大力弘扬军爱民、民拥军的光荣传统，巩固发展坚如磐石的军政军民关系，为实现中国梦、强军梦凝聚强大力量。这些论述是双拥工作的理论基础，也反映了不同历史时期双拥文化的内涵和特征。但不论双拥工作如何发展，双拥文化

①《准确把握大民政文化的核心理念 扎实推进首都双拥文化建设》，首都双拥网，（http://bjsy.bjmzj.gov.cn/jywc/jyjl/278.html）。

的内涵是依托，双拥文化的核心是团结。

拥政爱民、拥军优属是我们党和国家的光荣传统和特有的精神资源、文化资源。它播种发芽于革命战争时期，发扬光大于和平建设年代。瑞金的红井，沂蒙山的红嫂，子弟兵的母亲以至于抗击自然灾害中涌现的军民鱼水之情，无不是丰富的遗产。经过长期的锤炼和发展，双拥工作已不仅仅是党和政府的一项重要工作，而且已成为一种文化，深深植根于亿万军民心中，在构建和谐相处、水乳交融的军政军民关系中，发挥了很好的引领、熏陶、教育和激励作用，融合于中华民族的和谐文化之中。把双拥工作作为一种文化来发掘、整理和研究，对于推进双拥工作与时俱进，丰富和拓展和谐文化建设的内容，都具有十分重要的意义。

双拥文化是以密切军政军民关系、构建和谐社会为价值取向，以倡导、研究、阐释、传播军政军民和谐理念为主要内容，融思想观念、社会风尚、行为规范、政策制度于一体的一种文化形态，与其他文化相比，一个显著的特点就是政治的融合性①。双拥工作的根本目的是密切军政军民关系，为完成党在各个历史时期的中心任务服务。在战争时期是一切为了战争，一切为了胜利；和平时期则是为提高部队战斗力，发展社会生产力和增强军民凝聚力而服务的。这一特点，要求我们在培育、丰富和发展双拥文化过程中，切不可急功近利，既不能奉行市场经济的等价交换原则，也不能简单地运用“文化搭台，经济唱戏”的办法，而应把着眼点放在政治效益、社会效益和国防效益上，为巩固军政军民团结提供强有力的精神动力、智力支持和品质保证。

（二）浙江双拥文化的核心理念

浙江的双拥文化，既吸取了全国双拥文化的普遍特点和基本内涵，又由于本身的独特地理文化经济特征，而有了一定的创新发展，为丰富全国双

① 操国胜：《改革开放以来双拥工作研究综述》，载《池州学院学报》2010年第5期。

拥文化增砖添瓦。服务军队战斗力，促进地方生产力，实现经济建设和国防建设相统一，实现富国和强军相统一，是浙江省双拥工作的本质要求，也是双拥文化发展的基础。浙江省的双拥工作在中央统一领导下，围绕服务国家和军队改革建设大局，积极创新双拥工作举措，不断丰富双拥工作内容，广泛开展拥军优属、拥政爱民活动，军地合力保发展、维稳定、强国防，双拥工作在继承中发展，在融合中提升，在开拓中前进。而浙江省特殊的地理位置、独特的经济发展方式和特别的文化传统又催生出了不同于其他地方的具有浙江特色的双拥文化。

浙江省的地理位置十分特殊，它地处我国东南沿海、长江三角洲南翼，东临东海，全省陆地面积10.18万平方千米，岛屿面积1670平方千米，海域面积26万平方千米，海岸线总长6480千米，大小岛屿3061个，这决定了浙江是对台斗争准备的“进攻出发基地、动员基地、保障基地和战役机动通道”，也决定了其双拥工作具有不同于其他地方的特色[①]。特殊的战略位置，铸造了浙江省双拥文化中军队“爱国拥军、来之能战、战之必胜”的特质，社会、企业与部队“军民结合、寓军于民”形成水乳相融的军民鱼水情。历任主要领导亲自筹划和把握爱国拥军工作的总体思路，亲自过问和协调解决部队建设中的重大问题，亲临国防建设和军事斗争准备第一线参与演练和慰问部队，将双拥文化作为精神指引，为爱国拥军工作提供强有力的思想政治领导。

习近平总书记在任浙江省委书记期间，始终站在战略全局的高度，要求全省各级党委、政府领导牢固确立经济建设与国防建设统筹协调方针，与时俱进地做好双拥工作，努力为发展生产力、提高战斗力、增强凝聚力发挥重要的服务保证作用，并带头履行党管武装职责、带头参加重大军事活动、带头真心真情拥军[②]。浙江的双拥文化是深入基层连队走访慰问、深入困难家庭优

---

①《宁波市：广泛开展双拥共建活动 大力推进双拥文化》，http://mznews.zjol.com.cn/system/2014/08/01/020175724.shtml。

② 浙江省民政志编纂委员会：《浙江省民政志》，北京·中国社会出版社，1994 年版。

抚看望的身体力行与亲力亲为的实践工作。

浙江省有自己独特的经济发展模式，民营企业众多，省内各地联系紧密，这决定了浙江省的双拥文化不仅仅包括军队吃苦耐劳、能打胜仗的风貌，还包括各地守望相助，为支持国防与军队建设尽心尽力的精神。浙江省的双拥工作纳入地方经济社会改革和发展总体规划中，每年全省两会期间都要安排召开党管武装或国防动员委员会会议，同步研究部署国防后备力量建设。浙江省充分发挥省内各地的科技、人才、产业优势，充分调动各地民营企业的积极性，共同探索军民科技融合对接路子，最终形成政府搭台、军地协调、民企“唱戏”的融合机制。

2008年，浙江省政府、省军区先后3次组织省内750家民营企业与100余家军工企业、军事科研院所开展科技对接交流活动，签订军民合作项目60余项，合同金额达20亿元。2010年，全省共有85家民营企业进入军品生产市场，一批科技专家定期到驻浙部队上门提供咨询保障，直接为国防和军队建设服务。除此之外，义乌市西贝文良特种车辆有限公司通过与装甲兵工程学院合作，成功开发出新一代具有完全知识产权的全地形作业车辆——“西贝虎”水陆两栖特种车。宁波市北仑区拓普公司研制的坦克减震系统，慈溪市大成新材料有限公司生产的防弹装具，宁波市江北区贝斯特航空技术工程有限公司研发生产的无人机等，都为国防和军队建设作出了贡献。

（三）浙江双拥文化的载体与品牌

认真贯彻党的十七大提出的“富国强军”和胡锦涛总书记“军民融合式发展”的重大战略思想，围绕党的十八大召开，着眼新的形势任务和目标要求，加强组织领导，搞好规划设计，实行科学统筹，狠抓工作落实。坚持高起点定位，高标准谋划，坚持“五个纳入”，不断强化爱国拥军工作组织领导。把国防和军队建设与发展纳入地方经济社会改革和发展总体规划，把重大国防设施和基础建设纳入地方基本建设体系，把国防科技和装备发展纳入地方科技创新体系，把军队人才素质培养纳入地方教育体系，把爱国拥军工作成效纳入党委政府目标责任考核体系。在浙江省，不分行业，不分城乡，不分时间，开展各种形式的拥军活动已然成为常态。

1. 浙江省双拥文化的载体

（1）服务管理新平台

浙江省仙居县双拥办着力机制创新，扎实推进退伍军人工作，倾力打造“老兵之家”服务平台的实践探索。创新服务管理平台，建立组织体系，构建优抚管理服务新载体，确保“老兵之家”的网络全覆盖。“老兵之家”本着“服务老兵、关爱老兵”的宗旨，建立专人值班、组织活动、接待登记、跟踪落实、汇报引导等工作制度，倾力为退伍军人当好“娘家人”，充分发挥沟通教育、创业就业、扶贫帮困的三大服务功能，在帮助老兵解困，扶持老兵创业，为老兵提供就业岗位、为政府缓解信访压力和维护社会稳定方面发挥了较好的作用。

除此之外，各级党委、政府始终坚持把依法维护国防利益和军人合法权益，作为爱国拥军的经常性工作，作为稳军心促和谐的基础工程来抓，与时俱进地做好随军家属就业、子女入学、退役军人安置和优抚工作，逐步完善“五大体系”，努力打造稳军心促和谐的良好环境。不断完善军人维权保障体系，军人生活服务体系，就业安置和培训服务体系，重点优抚对象生活保障体系，复退军人维稳工作体系。

（2）新闻、报刊宣传平台

全省各级党委、政府注重营造全社会关心支持国防和军队建设的浓厚氛围，努力搭建国防教育、双拥宣传、社会拥军、活动实践、双拥创建“五个平台”，扎实推进双拥共建工作创新发展，使双拥共建活动在各阶层、各领域开花结果[①]。浙江省曾以迎接党的十八大召开和纪念建军85周年等重大活动

① 中共浙江省委 浙江省人民政府：《坚持富国强兵相统一构建爱国拥军新格局扎实推进新形势下军民融合式发展》，2010 年 5 月。

为契机，进一步提高了全民的国防和双拥意识，深入开展丰富多彩的双拥活动，开展国防和双拥宣传教育，发动军民开展各类纪念活动。

浙江省德清县十余年来着力打造多媒体和新闻、报刊宣传平台。拥军模范钱立玲连续7年，行程7万多千米，自费去甘肃、青海、宁夏、西藏、山东、新疆等地慰问驻守在高原连队和边防哨所的德清籍战士，行程累计20万余千米，制作了反映战士家庭和家乡建设的光碟、视听录像带320盘，拍摄了300多幅戍边战士工作、生活的照片，刻录成《走进德清兵》等光碟送给战士家人，花费近15万元[①]。她的事迹多次被《解放军报》等多家新闻媒体报道，被部队官兵亲切地称为“子弟兵的好妈妈”。她那种无私、质朴的情感和发自内心对军人的热爱，深深地打动了听报告的同学和老师，使师生从楷模身上真切地感受到了榜样的力量。

（3）多媒体宣传平台

在浙江省温岭，有一位名为江永兵的拥军志愿者。他对温岭一户35年如一日的拥军模范家庭十分敬佩和感动，并独家跟踪报道20多年。江永兵26年来一直是这样做的，经江永兵现场指导拍摄的《拯救生命》作品，先后荣获2012年“尼康杯”第六届全国公安民警摄影大展金牌、第十届全国法制宣传暨廉政建设书画摄影大赛摄影一等奖及首届全国公安摄影艺术大赛金奖。近年来，江永兵义务为浙江省台州市公安消防支队拍摄制作的优质廉政党课DVD电视片《敬畏、信念、廉洁》《廉洁幸福“五部曲”》《廉洁＝幸福》先后均荣获浙江省消防部队比赛第一名。他还给台州市公安消防支队义务拍摄制作了军政主管廉政谈话DVD电视片《寻找幸福的钥匙》。江永兵利用双休日，先后与武警台州市消防支队开发区消防大队、武警玉环县消防大队等单位签约担任消防宣传教育记者，并友情创办每月一期武警《玉环消防报》，全面负责新闻采编业务，担任武警《玉环消防报》视觉总监及版面策

① 《万里拥军万千情——记全国拥军模范钱立玲》，德清新闻网，http://www.dqnews.cn/dqnews/system/2012/05/09/015016477.shtml。

划。2010年11月10日，浙江省公安厅政治部主任华乃强在第28期《玉环消防报》上作两次重要批示，高度肯定了《玉环消防报》对社会的贡献[①]。

2012年8月2日，首届“衢州市最美军嫂”评选活动在中央电视台新闻联播“军地双拥 纪念建军85周年”的新闻中报道，得到了社会好评。围绕迎接党的十八大召开、学习贯彻党的十八大精神，广泛开展“赞颂辉煌成就、弘扬光荣传统、军民同心推动科学发展”宣传教育活动。利用大众传媒，挖掘红色资源，大力宣传具有时代特征、浙江特色的双拥先进典型。全省各地新闻媒体专门开设了《浙江双拥简报》、“国防之声”等专栏及时报道双拥工作动态。仅2012年浙江省就召开悼念大会3500余场次，参加人数26万余人，开展祭扫烈士墓活动超过15000余场次，参与人数近100万人。组织各种形式的参观展览10000余场次，参观人数约50万人次[②]。

2. 浙江省双拥文化的品牌

（1）寓教于乐，旅游拥军[③]

近年来，宁波市深入挖掘和发挥利用海防历史遗迹和旅游景区资源，结合优美的自然环境，不断充实资料，丰富内涵，打造爱国主义教育基地，供社会群众和军人参观游览，增长知识，缅怀先烈，寓教于乐。政府投资主办或控股的旅游景区（点）和公园、文物保护单位、博物馆、美术馆、展览馆、历史遗址、纪念馆等对现役军人和普通民众实行免费参观。2014年宁波市已有38家国家3A级以上旅游景区，其中35家对现役军人实行免票，基本涵盖了宁波市绝大多数主要风景旅游区。对一些民营企业投资建设的旅游景区，政府积极倡导鼓励对现役军人与普通民众免费参观。

（2）情系军嫂，解决军人后顾之忧

在“三八妇女节”当天，湖州开展了“丝巾传真情，温暖军嫂心”的活

---

①《镜头拥军志愿者——江永兵26年拥军故事》。

② 浙江省民政厅：《2012年浙江省双拥工作主要情况和基本经验》。

③ 浙江省民政厅：《广泛开展双拥共建活动 大力推进双拥文化》。

动。远在千里之外的驻青岛海军92196部队的982名军嫂们，收到了一份特殊的节日礼物，每人一条色泽鲜艳、质地精美的湖州真丝围巾，这是德清县民间拥军协会理事、浙江美生橱柜有限公司总经理屠春生送给海军部队军嫂们的礼物，给军嫂们在节日里增添了一份意外的惊喜。海军潜艇部队的官兵非常辛苦，每次出海远洋执行任务都要很长时间，照顾老人、孩子和家庭的重担都落在了军嫂的肩上。为了让军人没有后顾之忧，军嫂们付出了很多，军功章里也有军嫂的一半，军嫂与军人一样伟大。礼轻情意重，为向军嫂们表达敬意，屠春生主动跟部队联系，询问了具体人数，然后专程赶到生产真丝围巾的厂家，精心订制了982条真丝围巾，送到部队军嫂们的手上[①]。

三、推进双拥文化建设的对策

21世纪以来，世界格局发生了深刻而复杂的变化，霸权主义、强权政治和新干涉主义有所上升，尤其是美国战略重心转向亚太、日本政治右倾化加剧，给我国安全发展、主权捍卫带来新的压力，军队有效履行使命的任务将更加繁重而紧迫，对双拥工作提出了新的挑战。

从国内发展看，2015年是全面深化改革的关键之年，是全面推进依法治国的开局之年，是完成“十二五”规划、谋划“十三五”规划的重要一年，全省军民要深刻领会和全面把握经济发展新常态的特征和要求，坚持以“八八战略”为总纲，坚定不移以提高经济发展质量和效益为中心，坚定不移打好转型升级“组合拳”，坚定不移全面深化改革开放，坚定不移推进创新驱动，坚定不移推进城乡区域协同发展，坚定不移保持社会和谐稳定加强民生保障，努力保持平稳发展创新发展，这对双拥工作创新发展既提供了新的机遇，也提出了新的要求。

① 陈晓峰：《丝巾传真情 温暖军嫂心》，湖州双拥网，http://www.husy.gov.cn/art/2015/3/24/art_9196_377553.html。

从军队建设看，围绕建设一支听党指挥、能打胜仗、作风优良的人民军队这一强军目标，双拥工作如何主动顺应改革，更好地发挥对国防和军队建设的支持作用，是当前一项十分紧迫的任务。浙江省双拥工作近年来虽然取得显著成就，但仍然存在发展不够平衡、服务体系不够健全及一些政策落实不够到位等矛盾和问题，这都迫切需要我们以高度的政治责任感和改革创新精神，拿出有力的应对举措。在新形势下不断发展与完善双拥工作，实现双拥文化创新与升华。

（一）树立与国家发展战略一致的大双拥观念

观念是行动的先导，观念的升华是高质量行动的基础。双拥工作的范畴包含国防建设，也是地方政府统一于国家发展总体战略的一项重要工作。基于这样的特殊要求，浙江省双拥工作必须站在国家发展的高度，主动服务于国防建设与社会建设，主动与国家发展战略相契合，主动服务于全体人民民生和长远福祉。

党的十八大以来，习近平总书记围绕改革发展稳定、内政外交国防、治党治国治军发表了一系列重要讲话，围绕实现中国梦、强军梦，多次对加强双拥工作、巩固和发展军政军民团结作出明确指示，这是我们做好双拥工作，升华双拥文化的基本指引。要实现中国梦、强军梦，我们就必须树立与国家发展战略一致的大双拥观念，结合地方优势，加强海防理论研究与法规建设。坚持四项基本原则，坚持改革开放，双拥工作在总路线的指导下发展，才不会迷失方向，与此同时，我们还应看到浙江省独特的海防历史文化资源，不受僵化的观念束缚，大胆改革，锐意创新，提高浙江省双拥工作的质量和效益，依托海防历史文化资源深入开展爱国主义教育活动，创建浙江省双拥工作的品牌，对广大人民群众进行爱国主义教育，让双拥文化深入人心。

（二）建立完善配套的法规体系

法制是现代文明国家运行的基础，是人类社会实践经验凝结而成的规则体系，依靠法律手段把双拥工作实践中凝结的经验升华为理性认识，通过一定的程序上升为法律、规章，从而奠定做好双拥工作的长效机制[①]。当前应以健全双拥工作条例、军人权益保障、参战支前、退役士兵安置、训练演习群众损失赔偿、重大自然社会危机中军民协调等政策法规为重点，逐步构建与社会主义市场经济相衔接、与国防建设相适应、与宪法等法规相协调、与优良传统思想相契合的政策法规体系，加快依法双拥的进程。此外，我们还应该对已有的宪法、国防法中对于双拥部分的条例进行梳理，针对现实情况的改变，对已有的法律进行调整，删除过时的不适用的法律条文，改变有缺陷的条例，新增符合新时期双拥建设的内容。

（三）全面推进“五大工程”，做好军事斗争准备

“五大工程”分别是战场建设工程，部队基础设施工程，演训支前保障工程，国防动员建设工程，科技强军工程。在具体的实践工作中，台州市投入6564.39万元重点支持台州军分区两个规范化试点、武警台州支队“五种力量”配套装备和教导队建设、消防支队训练基地、92095部队机场路改造等项目建设，为部队提高战斗力提供有力保障。2013年，全省各级政府支持部队各项投入经费达1.8亿元，实物4200万元，修建道路23.8千米，划拨土地220余亩[②]。

舟山市投入70多万元，建立真空应急包装车间和低温库，确保军粮质量。杭州市实现对杭州地区所有县（市、区）军粮的“四统一”一体化配送供应，同时还对市内50多个部队伙食灶开展了即时送货服务[③]。每年安排专项资金支持部队的营区绿化、垃圾清运以及文体活动设施建设、办公条件改善、数字电视安装等项目，有效地改善了部队的条件和环境。嘉兴市将驻军

① 雷朝晖：《双拥立法势在必行》，全国双拥办，http://sy.mca.gov.cn/article/llyjlm/200712/20071200005204.shtml。

② 浙江省民政厅：《2013年浙江省双拥工作主要情况和2014年双拥工作思路打算》。

③ 浙江省民政厅：《军地共建展新颜 军民融合谱新篇——浙江2010年以来双拥工作综述》。

重点基础设施项目列入“三个千亿工程”，总投资达3.77亿元[①]。浙江省委、省政府坚决贯彻落实党中央、中央军委的决策部署，把支持和保障军事斗争准备作为重大政治任务来完成，作为党委政府领导的职责分内事来承担，作为全社会各行各业的共同责任来履行。只要部队有需要，全省各地各部门不谈条件、不讲价钱、全力支持、紧密配合，“五大工程”建设成效明显。

（四）引入现代文明的先进理念

现代社会生产的高度社会化、信息化、专业化、集约化，催生预支相应的思想观念，作为我国社会建设总体布局分支的双拥工作，应着眼协调军地关系、服务国防建设、理顺政府职能、推进中国特色社会主义现代化进程。浙江省作为沿海开放城市，双拥文化更应该切合现代文明，我们要用发展和改革的办法解决双拥工作中遇到的问题，注重效益；用平等、互利、双赢的原则处理军政军民关系，逐步实现拥军优属、拥政爱民的高效互助，帮助部队解决眼前的困难，转变由职能部门单一工作为各个部门、各个行业、各个阶层的通力合作，形成聚焦双拥工作的合力。

开放的双拥文化还要充分依托地方电子政务平台和国防动员信息网，为吸收社会民间力量参与互联网经营打造一些有影响的网站，以网络形式聚合社会群体或志愿者形成高效的参与双拥工作联动机制，同时要注重利用国际现代先进的管理方法和理念，形成继承优良传统兼具国际特色双拥工作的中国模式。

2012年，台州市组建以双拥为主题，由军地文艺骨干联合编成的双拥文工团，在全国尚属首次[②]。成立这支队伍，有利于贯彻党的十七届六中全会精神、推动文化建设，有利于提升拥军工作质量效益、促进争创“全国双拥模范城”活动深入开展，有利于发展先进军事文化、丰富和活跃部队文化

① 浙江省民政厅：《军地共建展新颜 军民融合谱新篇——浙江2010年以来双拥工作综述》。
② 浙江省民政厅：《台州市2012年双拥工作总结》。

生活、解决官兵日益增长的精神文化需求与部队相对落后的文化条件之间的矛盾。它的成立是形势所迫、部队所需、官兵所盼，是双拥文化工作的新拓展，是实行军民融合的新举措，对于有效整合军地资源，增强文化软实力、提升部队战斗力、增进军民凝聚力将产生积极的作用[①]。

（五）积极发展符合当地特色的双拥文化

2007年八一前夕，舟山市以“弘扬双拥精神，共建和谐岛城”为主题，举办了全国首届双拥文化节。通过开展“鱼水情深”大型文艺演出、“共谋发展”全国双拥高层论坛等一系列活动，在全市进一步弘扬双拥优良传统，丰富双拥文化内涵，推动双拥精神和城市精神有机融合[②]。此外，为加强海防文化理论的研究，近年来，浙江省也邀请了国内著名专家、学者，先后与国防大学、人民日报社、中国社科杂志社等单位举办了“纪念中法战争镇海胜利之役110周年研讨会”“海防历史文化与爱国主义教育”等以海防为主题的大型学术论坛，推动海防历史文化的深入研究[③]。

舟山，作为我国重要的海防要塞和国际性海上开放门户，近年来对于维护国家海洋权益、拓展海洋战略空间都起到了重要作用。多年的东海戍边和双拥实践，形成了舟山特有的海岛特色、凝聚军心民心的双拥文化。新形势下，舟山军地着眼于营造浓厚双拥氛围、打牢军民融合发展思想基础，大力弘扬双拥文化，使双拥成为一种内在的自觉追求，融入广大军民的血脉，成为舟山城市精神、海洋文化不可分割的重要部分。文化的根基在教育。国防教育和双拥宣传作为双拥文化的基础工程，在舟山开展广泛、扎实深入。近

---

① 叶菁、朱云法、方凯：《深化军民融合 实现文化对接浙江省台州市成立全国首家双拥文工团》，新华网，http://news.xinhuanet.com/politics/2012-02/01/c_122642982.htm。

② 姚红兵、张后继、沈伟杰：《舟山军民弘扬双拥传统培育双拥文化打造双拥品牌实录》，浙江舟山群岛社区，http://www.zhoushan.cn/rdzz/gjjhhzhkf/xwsd/201211/t20121113_568710.htm。

③ 公共编辑：《宁波市：广泛开展双拥共建活动 大力推进双拥文化》，浙江在线民政视窗，http://mznews.zjol.com.cn/system/2014/08/01/020175724_04.shtml。

年来，舟山组织开展了一系列丰富多彩、群众喜闻乐见的双拥文化活动，广大军民在享受文化的同时受到教育和启迪。

四、小结

党的十八大以来，习近平总书记着眼坚持和发展中国特色社会主义、实现中华民族伟大复兴中国梦，对加强国防和军队建设作出了一系列重要论述，其中明确提出要深入做好新形势下的双拥工作。围绕习近平总书记“能打仗、打胜仗是强军之要，按照打仗的标准搞建设抓准备，确保军队始终能够招之即来、来之能战、战之必胜”的要求，认真学习贯彻习近平总书记系列重要讲话精神，坚决服从党和国家工作大局、服从国防和军队建设全局，聚焦能打胜仗、服务部队战斗力提升，围绕全面深化改革和促进经济社会持续健康发展，扎实抓好双拥工作，努力为实现新形势下强军目标、建设“两美”浙江，提供重要的支撑和保障①。

面对新形势、新任务、新要求，我们要实现双拥文化创新发展，必须要认真贯彻落实党的十八大和十八届三中、四中、五中、六中全会精神及习近平总书记系列重要讲话精神，深刻理解中国梦、强军梦的科学内涵和内在一致性，以共同的信念凝聚党心军心民心，统筹经济建设和国防建设，推进军民融合深度发展。同时要看到，浙江省军民融合发展刚进入由初步融合向深度融合的过渡阶段，还存在思想观念跟不上、顶层统筹统管体制缺乏、政策法规和运行机制滞后、工作执行力度不够等问题。为尽快实现军民融合发展的要求，浙江省应充分发挥双拥模范城（县）创建平台作用，巩固和发展军政军民团结良好局面。

拥政爱民、拥军优属是我们的光荣传统和特有的精神资源、文化资源。

---

① 夏宝龙：《在浙江省纪念建军87周年暨双拥模范城（县、区）命名表彰大会上的讲话》，2014年。

经过长期的锤炼和发展，双拥工作已不仅仅是党和政府的一项重要工作，而且已成为一种文化，深深植根于亿万军民心中，在构建和谐相处、水乳交融的军政军民关系中，日益发挥着很好的引领、熏陶、教育和激励作用，已经融合于中华民族和谐文化之中。把双拥工作作为一种文化来发掘、整理和研究，对于推进双拥工作与时俱进，丰富和拓展和谐文化建设的内容，无疑是一件很有意义的事情。

第八章
浙江民政文化建设的目标与制度机制保障及路径

第十二次全国民政会议对民政工作宗旨进行了充分的阐述，就是“以民为本、为民解困、为民服务”，也确定了民政部门的职责是“解决民生、落实民权、维护民利”。浙江民政文化建设也要围绕民政工作的宗旨，客观地分析和厘清存在的不足和问题，制定好既切实可行又有前瞻性的目标，在制度、机制上提供保障，并选择有效的路径加以实现。

一、浙江民政文化建设面临的主要问题

（一）民政系统的从业者对于民政文化建设及内涵的认知有待提升，宣传力度有待加强

民政文化是支配民政工作者行为、调节民政工作者与其服务对象关系的价值理念。价值理念具有多元性，不同环境中的人们有着不同的价值理念，从而形成不同的文化。在一定的地域范围内，由于相同的自然环境及其人们对某种文化的有意培养，人们可能形成大致相同的价值理念，因而形成具备地域特点的文化。

近年来，浙江省民政系统开展了一系列民政文化建设活动，民政文化开

始慢慢深入人心。但是通过问卷调查数据的分析，我们发现，在受访的民政工作人员中，仅有超过半数的人知道民政文化建设这一提法。2014年12月至2015年1月，课题组分别从浙江省民政厅、11个地市级民政局、90个县（市、区）民政局，随机抽取了1023名调查对象，进行了《浙江省民政文化调查问卷》调查。数据（如图8-1所示）表明，虽然一部分人知道民政文化建设这一提法，但不是所有人都知晓民政文化的真正内涵。从图8-2中我们可发现，在

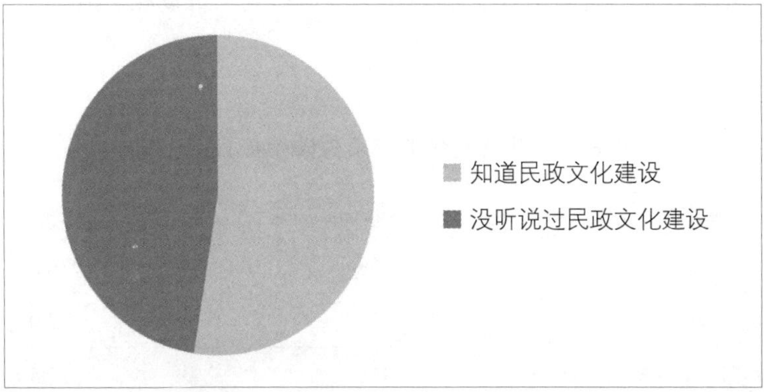

图8-1　民政文化建设知晓率分析①

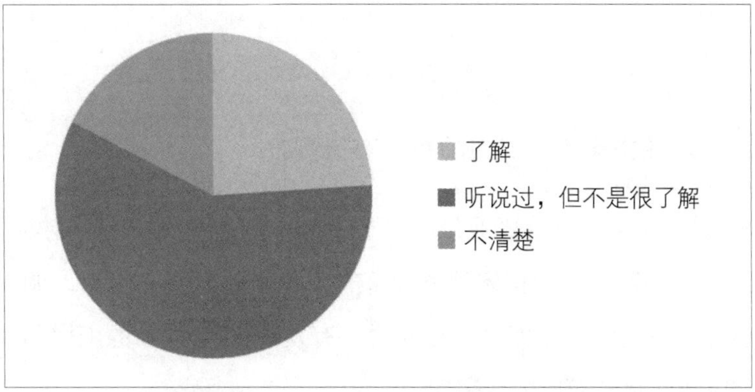

图8-2　民政文化含义知晓率分析②

①② 数据来源于课题组《浙江省民政文化调查问题卷》。

受访者中，仅有24%的人了解民政文化的含义。而听说过民政文化，但对其含义不是很了解的占58.5%。这需要民政部门进一步加强宣传并开展相关活动，促进民政文化深入人心。

从其他相关调查问卷的统计分析中（见表8–1），我们也可发现，浙江省民政干部认为，在民政文化建设中最大的问题是民政文化的含义不够明确，其次是相关的宣传策划不够，相关的工作推动不够。因此，民政部门需要进一步明确民政文化的含义，加强相关宣传策划，推动相关的制度设计落到实处。

表8–1　慈善文化的制度保障措施重要性表

制度措施	频数	%
颁奖活动	338	16.2
新闻发布会	458	22.0
设置评选办法	468	22.5
开设慈善论坛	646	31.0
其他	174	8.3
总计	2084	100

（二）民政文化建设财力的投入有待提升

近年来，浙江省民政事业取得了快速发展，无论是在财政投入、基础设施建设，还是业务范围拓展等方面都有了稳定的发展。然而，调查研究发现，目前浙江省民政工作似乎无法摆脱“有发展无进步”的困惑与尴尬。这种状况与民政文化的滞后关系密切。

从相关统计数据中，我们发现省民政厅2014年支出预算53127.02万元。按支出功能分类，包括教育支出216.18万元，社会保障和就业支出37544.21万元，医疗卫生与计划生育支出593.64万元，住房保障支出686.9万元，其他支出14086.09万元。在预算支出中，没有专门用于民政文化建设的相关财政投入。而在其他支出中，用于民政文化建设的资金也并不多。

为了解决浙江省民政工作“有发展无进步”的现状，需要进一步加大对民政文化建设的财政投入力度，设立民政文化建设专项资金，促进新型民政文化的形成与发展。

（三）民政文化建设的方式、途径创新有待提升

民政文化建设，不同于一般的民政工作。民政文化建设是从价值观层面讨论民政工作，已经不是简单民政业务的发展问题，而是民政工作发展的价值取向问题。民政文化建设也不只是业务拓展的权能大小问题，而是业务拓展的宗旨问题。民政文化建设的这些性质使得民政文化建设工作不能采取其他民政工作推进所采取的方式。

通过研究我们发现，浙江省民政文化建设工作方式与途径比较单一，仍然沿用其他的民政工作的开展方式建设民政文化，已不能适应民政文化建设本身的需要。因此，需要在民政文化建设的过程中利用各种新的方式或手段，创新民政文化建设的途径，使得现代民政文化建设工作顺利进行。

（四）政策、制度的保障力度有待加强

通过调研，我们发现为了促进民政文化的形成与发展，浙江省各级民政部门开展了许多相关活动。但是从前文的分析中我们知道，在浙江省各级民政部门的工作人员中，民政文化建设及其民政文化内涵的知晓率并不高。作为文化形态之一，和其他形式的文化一样，民政文化的形成需要很长的时间，更需要有一个良好的环境。而一个良好的环境需要有一个持久的政策制度作为保障。因此，民政文化不可能通过几次相关活动就能形成。在浙江省民政文化建设的过程中，还缺少相关的政策制度力量为民政文化建设提供一个有利的环境。因此，浙江省在民政文化的建设过程中，还需要进一步建立健全相关的制度，制定更好的政策，为促进良好的民政文化的形成与发展保

驾护航。

（五）民政文化建设中社会力量参与不足

由于民政的工作对象是人，现代民政的核心价值观就离不开“人” 这个主体，主要是处于各类社会关系中的具体的人。既然民政文化涉及民政工作人员与其服务对象，那么在民政文化建设的过程中，就必须有更多的社会力量参与其中。

当前，浙江省在建设民政文化的过程中，更多的是在民政工作人员中进行，民政工作的服务对象很少能够参与到民政文化的建设过程之中。服务对象仅仅被动地接受服务，并没有参与到问题解决的过程，当事者自身的意志、力量、尊严和独立性往往被忽略。他们在接受服务的过程中，自身的能力没有得到锻炼，潜能没有得到释放。因此，浙江省民政文化建设的过程应该有更多的社会力量尤其是民政文化的服务对象参与其中。

二、民政文化建设的目标

（一）浙江民政文化建设的总体要求

高举中国特色社会主义伟大旗帜，以马克思列宁主义、毛泽东思想、邓小平理论和“三个代表”重要思想为指导，深入贯彻落实科学发展观，深刻领会与把握“四个全面”的理论体系，以推动“大民政”建设为主题，以践行民政核心理念为主线，以满足人民群众多样化的民生需求为出发点和落脚点，以改革创新为动力，注重中外民政文化、传统与现代民政文化、民政文化与其他领域文化的深度融合，创造无愧于时代的民政文化，使之成为指导和推动民政建设统一的指导思想、共同的理想信念、强大的精神力量、基本的行为规范，推动社会主义核心价值体系建设和社会文明道德风尚的形成。

（二）浙江民政文化建设的目标

1. 浙江民政文化建设的长远目标：形成与发展民政文化核心理念

民政文化核心理念是民政文化的精神文化内涵应有之义，这种在长期的生活和工作中逐渐积淀形成，诸如普遍接受的观念、信念、价值观和行业准则，并非直观呈现，一般通过工作态度、服务质量、创新业绩等间接表现出来。核心价值观念的树立，需要非常长的时间，不能一蹴而就。

浙江省民政系统已经初步形成了以“以民为本、惠及民利、服务民生、保障民权、为民解困”五个核心理念为主导的民政文化。然而从长远来看，还需要将这五个核心理念内化到每一个民政工作人员的心中，使每一个民政工作人员外化为切实的行动。同时我们还需要不断丰富和发展民政文化的核心理念和内涵，使民政文化能不断发展有新的突破。

2. 浙江民政文化建设中期目标：丰富相关制度，促进民政文化繁荣

民政文化的中间认知层次是制度文化内容，即基本制度、基本规则和具体的体制、机制与行为规范。这部分的内容能够有相关的文本档案可供查阅，随着社会经济的不断发展这些内容会不断更新。

浙江省民政系统为了促进良好的民政文化的形成与发展，构建了许多制度，在不同民政文化的建设方面，民政制度建设可圈可点。在促进慈善文化的形成方面，浙江省民政系统开设了慈善论坛，并且设置相关评选机制，评选在慈善方面作出突出贡献的个人与企业并设置颁奖活动，同时还设置了新闻发布会制度及时发布相关慈善新闻。在促进新型养老文化形成方面，浙江省民政系统大力宣传新型孝道文化与特色照护文化，同时开展了敬老月活动，并设置了养老服务业博览会。这些措施对于新型养老文化的形成起到了积极作用。在培育“三社文化”（社区、社会工作者、社会组织）方面，浙江各级民政系统都成立了专门的机构，保障具体措施的实施。除此之外，各级民政系统大力宣扬邻里文化，开展社区节等方式，以此来加强居民间的社会联系，解决现代社会人际疏离问题。同时大力提倡志愿服务，开展社会组织公益创投。

当然，上述制度措施并不一定都能有效发挥作用，它们的作用还需要通过时间的考验。因此，我们需要不断地落实与丰富相关制度，保障与促进民政文化不断繁荣。

3. 民政文化建设的近期目标

民政文化建设的近期目标，可以细分为两个方面，包括提供物质文化条件，如办公和服务设备、所在场所及周边环境等，随着经济的发展这些目标很容易得到实现；同时更重要的是建立行为规范、人际关系、干部职工素质、行业作风等在日常工作中的实际规范。要以不同的工作内容为载体，实现民政文化建设的近期目标。

以救灾救助、社会救助和慈善工作为载体，弘扬扶危济困的传统美德。要牢固树立“以民为本”的理念，把“为民解困”作为第一要务，加大对困难群众的帮扶力度，切实维护社会公平，营造公平正义、团结互助、平等友爱、和衷共济、共同发展的文化氛围。

以社会福利工作为载体，弘扬尊老敬老的孝文化。在加强养老服务体系建设的同时，高度关注宣传弘扬“老吾老以及人之老”的尊老敬老文化，营造尊重长辈、孝敬父母、关爱老人的浓厚舆论环境。

以社区建设工作为载体，发展丰富多彩的社区文化。社区文化是社区建设的灵魂，也是城市文化的基石。作为社区建设的牵头部门，民政部门要着力构建健康向上、协同进步的社区文化体系，营造和谐的社区文化氛围。

以优抚安置工作为载体，谱写军民团结的双拥文化。在落实好各项优抚安置政策的同时，要广泛开展以爱国主义为核心，以拥军优属、拥政爱民光荣传统为重要内容的宣传教育，切实增强人们自觉履行国防义务的光荣感和责任感。

以专项事务管理工作为载体，倡导移风易俗的婚姻殡葬文化。要认真贯彻党的十八届六中全会提出的“倡导移风易俗”的要求，大力推进殡葬制度改革，积极推行绿色殡葬、生态殡葬，倡导殡葬新观念，引导群众破除丧葬陋习，树立殡葬改革新风，弘扬厚养薄葬的先进殡葬文化，积极营造人与人、人与自然和谐的文化氛围。

以区划地名工作为载体，弘扬底蕴深厚的地名文化。做好地名资料的成果转化工作，通过编制地名录（志）、地名图册、地名掌故（故事）图书等形式，将地名普查成果有效转化为社会公共服务的文化产品，切实提升地名公共管理能力和服务水平。

三、浙江民政文化建设的保障机制与制度创新

民政部门是以“民”字打头的部门，这个“民”字有着特殊的使命、职能和要求，这一“以民为本，为民解困”为核心的民政文化更贴近老百姓的日常生活，更容易得到社会认同。近年来，浙江省民政系统，围绕民政工作的职能，以救灾救济、社会救助和慈善工作为载体，弘扬扶危济困的传统美德；以社会福利工作为载体，弘扬尊老敬老的孝文化；以城乡社区建设为载体，发展丰富多彩的社区文化；以优抚安置工作为载体，弘扬以爱国主义为核心的民族精神，宣传褒扬烈士的爱国情怀、崇高理想、坚定信念和奉献品质，进一步加强国防责任义务和爱国拥军教育；以专项事务管理工作为载体，积极倡导文明健康的婚姻新习俗和生态节地的殡葬新风尚，推进和谐婚姻家庭文化建设；以区划地名工作为载体，弘扬底蕴深厚的地名文化，编印《地名志》；以社会组织管理和社会工作人才队伍建设为载体，鼓励社会力量参与文化事业、文化产业发展，推进社会诚信建设，营造“我为人人、人人为我”的志愿服务氛围。

近年来，浙江省围绕实施“现代大民政”战略，确定了打造贴心民政、法治民政、阳光民政的基本途径，也可以说是三个抓手，并分别制定了实施

意见和评价标准。具体来说，“贴心民政”围绕践行民政工作宗旨，坚持把民之所需作为第一信号、把便民办事作为第一要求、把惠民利民作为第一追求，本着人本、需求、效率、公平、合作原则，细分各项服务内容、要求和岗位职责，力求使民政工作服务网络更加健全，服务功能更加完善，服务机制更加灵活，服务效益更加优化，服务对象更加满意。“法治民政”围绕法治政府建设的总体要求，以转变职能履行方式为关键，健全以民为本、覆盖全面、有机统一的民政政策法规体系，建立行为规范、程序正当、运行高效的民政行政执法机制，组建机构健全、素质专业、监管到位的民政综合执法队伍，完善权责明确、惩防并重、公开透明的民政法律监督机制，构建上下联动、内外互动、形式多样的民政普法教育格局，严格依法行政，积极推进民政立法，健全民政法制队伍，实现民政工作的标准化、规范化、精细化和法治化。“阳光民政”围绕创先争优的总体要求，以规范权力运行为目标，以提高行政效能为根本，坚持把公开透明贯穿政务全过程，实行制度、项目、内容、范围、申报、流程全公开，2012年启动“阳光救灾”“阳光村务”“阳光救助”“阳光养老”“阳光殡葬”“阳光福彩”六项工程，组织开展“阳光民政”建设十大品牌评选活动，全力打造公正、透明、高效、廉洁的阳光民政新气象。2012年，正在研究制订“数字民政”的实施方案，进一步加强民政公共服务和政务运行信息化基础平台建设，整合资源，畅通网络，提高效能，为构建“现代大民政”提供更加可靠的技术支持和保障。

（一）不断丰富民政文化内涵，激活民政事业力量源泉

文化具有凝聚思想、陶冶情操、砥砺品格、规范行为的功能。民政工作源远流长，蕴含的文化博大精深，从远古的“敬天保民”、唐宋的“安民立政”到清代的“为民治事”都构成民政工作的历史记忆；从新中国成立初期的“上为中央分忧、下为百姓解愁”到新时期的“以民为本、为民解困、为民服务”都成为民政工作的现实遵循；忠于职守、爱岗敬业、淡泊名利、竭诚奉献的“孺子牛”精神是民政人的价值取向；“天下民政是

一家”则是民政人团结一心、自尊、自爱、自强，凝聚力和认同感的集体表达。这些民政文化，在不同时期都起到了树立民政系统共同理念、引领民政工作前进方向、凝聚民政事业发展力量、塑造民政良好形象的重要作用。

文化是一个生生不息、代代相传的开放性系统，文化的形成有一个不断建构创造、不断提炼升华、不断深化拓展的动态过程。在丰富多彩的民政文化内涵中，广大民政干部职工身体力行的“为民、务实、创新、奉献”精神至关重要，这八个字凝聚着民政干部职工的广泛认同、实践体悟和精神追求，是引领和支撑民政事业科学发展的力量源泉。“为民”就是以民为本，维护好、实现好、发展好广大人民群众特别是困难群众的基本权益，这是民政工作实现党的根本宗旨的核心职责，是民政工作的本质要求，民政干部要做到心里装着群众、凡事想着群众、一切为了群众；“务实”就是求真务实、脚踏实地、埋头苦干，以对党和人民高度负责的精神，勤勤恳恳、兢兢业业，不辱使命、不负重托，这是民政人的职业操守；“创新”就是与时俱进、开拓进取，在传承与变革的辩证统一中不断探索民政工作新思路和新办法，这是民政事业发展的不竭动力；“奉献”就是爱岗敬业、淡泊名利、克己奉公、清正廉洁、甘于奉献，这是民政人的价值追求。我们要进一步把这些精神内化于心、外化于行，提振又好又快发展民政事业的“精气神”，切实把保障和改善民生、加强和创新社会治理方面的各项民政工作抓紧抓好、抓出显著成效。同时还应该认识到，时代在进步、社会在发展、形势在变化，需要我们以高度的文化自觉和文化自信，不断丰富和发展民政文化内涵，进一步凝聚共识、增进认同，使民政文化成为民政人共同的精神家园，为推动民政事业科学发展提供坚强思想保证和强大精神动力。

（二）不断创新民政文化载体，梳理民政核心文化理念

为进一步提高民政队伍的综合素质，提升民政文化理念，拓展民族文

化外延，营造民政文化氛围，例如，省民政厅以创先争优活动为载体，紧扣“以民为本、为民解困、为民服务”这一民政核心文化理念，将建设学习型党组织、学习型机关与干部教育培训有机结合，民政文化建设与文化娱乐活动相结合，通过集中学习、专题讲座、以会代训、参观考察、个人自学等形式，加强对民政干部基础理论、民政政策法规和民政业务知识的教育培训，积极开展“解放思想、跨越发展”讨论交流、业务知识竞赛，深入实地调查研究等活动，引导干部职工读经典、读名著、读名篇，学理论、学业务、学知识，用先进文化占领干部职工的思想阵地，营造重视学习、崇尚学习、坚持学习的浓厚氛围，不断提升民政干部文化素养和综合素质，促进机关核心价值观的形成。

省民政厅围绕打造全省民政系统公共价值观，开展民政价值观大讨论活动。专门设立了民政厅宣传处，负责全省民政文化体系建设和宣传工作；设立了厅民政研究中心，负责民政政策理论研究和科研交流合作。与部分地区和厅（局）签订了厅与市、厅与厅（局）合作协议，打造民政工作合作交流平台。与相关媒体建立共办合作栏目，联合有关单位组织定期或不定期的系列论坛、广场活动，打造民政宣传阵地，进一步丰富民政宣传的方式，扩大民政工作社会影响，积极打造民政文化宣传大平台。

总之，创新民政文化载体是弘扬民政文化的重要途径。要通过民政文化平台建设，塑造民政形象，扩大民政影响[①]。在这方面，需要着力抓好四个基本建设：

一是加强研究基地建设。深入开展民政文化理论研究，完善民政文化理论体系。广泛利用科研院所、学术机构的智力资源，打造民生智库。动员广大民政干部职工、老同志等，积极投身民政文化研究。

二是加强培训基地建设。以民政教育机构为重点，打造民政文化建设培训基地。加强对民政干部和社会工作者的教育培训，使广大民政干部职工具

① 江苏省民政厅:《新时期民政文化建设路径研究》，2012年。

备与民政建设相适应的理想信念、思维方式，社会工作者全面认识理解民政建设，增强民政事业的创新能力和社会影响力。

三是加强展示基地建设。规范民政服务窗口建设，完善工作流程，提高服务效率，提升民政形象，充分展示民政文化建设成果。打造一批爱国主义教育基地，宣传展示民政文化发展历程。面向社会公众开放民政系统工作场所，展现民政文化内涵，彰显民政人的亲和力。

四是加强传播基地建设。整合民政传媒资源，打造全方位、立体化的传播体系。梳理民政各业务领域专刊，打造一批精品项目。发展具有民政特色的文化创意产业，不断推出文化创意产品，提高民政文化的美誉度。

（三）不断促进民政文化建设，巩固民政体系运行机制

1. 坚持民政文化为引领，转变工作方式，完善工作机制①

（1）推进民政政策创制

全面梳理民政政策的价值观，转变民政人的工作态度、思维习惯，把为人民群众谋福利作为民政政策创制的出发点和落脚点，完善民政政策法规体系。以务实为原则，确保民政各项政策符合经济社会发展的客观要求和人民群众的根本利益。以民本为宗旨，着眼人民群众的新期待、新要求，加强民政政策创制和法制建设，用更多的惠民成果赢得人民群众对民政建设的支持。以平等为目标，大力推进民政事业城乡统筹、民政工作标准化建设，不断提高保障标准，推动形成覆盖城乡、惠及全民的适度普惠型民生福利格局。

（2）完善社会协同机制

从文化的视角重新审视和思考，加强与政府相关各部门以及社会的协同机制建设，借鉴项目管理的成熟理念和经验，探索多利益方、多部门、多领域之间协同合作的方式、方法，在合作中实现资源共享、互利共赢。改变

① 本节参照了北京市民政局《关于加快建设大民政文化的意见》文件有关精神。

角色定位，转变政府职能，将民政部门责任与社会责任相结合，主动与管理对象建立合作伙伴关系，走社会化发展的道路。弘扬先进文化理念，引领企业、社会组织、社会公众树立正确的价值取向，增强道德荣誉感，自觉履行法定义务、社会责任、家庭责任，形成科学理性、健康文明、团结友善、诚信宽容的社会道德风尚。

（3）打牢基层工作平台

理顺政府专业管理与社区自治关系，以街道（乡镇）和城乡社区为依托，打造基层综合管理服务平台。以社会工作专业人才队伍建设为纽带，加强基层民政能力建设，在城乡基层建立民政工作平台，造就一支专职基层民政队伍，增强民政政策的执行力。加强城乡社区自治组织建设，提升基层工作者对民政文化的认同，引导他们自觉宣传民政，践行民政，为丰富和完善民政政策提供实践支撑。

2. 组织队伍经费保障

（1）强化组织领导

有条件的地方和部门可以成立民政文化领导机构，指导民政文化建设工作。完善检查考评机制，将民政文化建设纳入相关部门绩效考核，组织检查考评并形成督察报告。

（2）加强队伍建设

顺应建设民政文化的总体要求，全面提升民政干部的整体素质和文化素养，增强战略思维、统筹谋划、改革创新能力。强化民政干部的文化意识，主动站在文化的角度来思考民政工作，总结提炼民政工作的文化内涵，不断提升民政工作的文化品质。深入挖掘民政队伍的文化创新潜能，盘活人才资源，为干部职工投身建设民政文化创造条件、搭建平台。

（3）加大经费保障

加大民政文化建设的经费投入，安排专项资金，用于支持民政文化学习教育、理论研究、文艺创造。建立建设民政文化评选奖励制度，面向社会公开征集民政文化作品，对优秀作品给予奖励，吸引更多文化名家学者关注民政工作、走近民政工作、抒写民政工作。加大对民政文化平台建设的资金支持，加强民政活动中心、活动室等基层文化设施建设。建立多元筹资机制，探索从社会捐赠资金等安排部分资金用于支持民政文化类公益项目的发展。

（四）不断完善民政文化制度，强化民政建设刚性保障

民政文化不是一朝一夕就能形成的，而是在多种因素的共同作用下经过历史的沉淀形成的。在促进民政文化健康发展的因素中，制度保障是一个非常重要的因素。浙江省民政系统为了促进良好的民政文化的形成与发展，建立起许多相关制度。在不同民政文化的建设方面，民政制度建设可圈可点。

在促进慈善文化的形成方面，浙江省民政系统开设了慈善论坛，并且设置相关评选机制，评选在慈善方面作出突出贡献的个人与企业，并举办颁奖活动，同时还设置了新闻发布会制度及时发布相关慈善新闻。

在促进新型养老文化的形成方面，浙江省民政系统大力宣传新型孝道文化与特色照护文化，同时开展了敬老月活动，并举办了养老服务业博览会。这些措施对于新型养老文化的形成都起到了积极作用。

在培育“三社文化”（社区、社会工作专业人才、社会组织）方面，浙江各级民政系统成立了专门的机构，保障具体措施的实施。除此之外，各级民政系统大力宣扬邻里文化，开展社区节，以此加强居民间的社会联系，解决现代社会人际疏离问题。同时大力提倡志愿服务，开展社会组织公益创投。

并不是所有的制度措施一经实施，就会受到民政工作人员与民众的青睐，并起到非常好的作用。浙江省民政系统为了促进各方面的民政文化形成而设置的一系列制度措施，在民政工作人员心中也有着不同的分量，起到了不同的作用。

1. 慈善文化的制度保障

表8-2　民政文化建设中的问题[①]

民政文化建设中的问题	频数	%
民政文化的含义不够明确，缺少抓手	668	31.0
领导重视不够	224	10.4
工作推动不够	318	14.8
宣传策划不够	500	23.2
缺少理论研究	268	12.4
缺少民政标识	113	5.2
其他	64	3.0
总计	2155	100.0

民政工作人员中大部分是直接与群众接触的人员，他们对各种制度措施的受青睐程度与重要性有着直观的把握。为了了解哪些制度措施在促进相关民政文化的形成方面起到更加积极的作用，更受民众与基层民政工作人员的青睐，我们进行了相关的社会调查。通过对调查数据（见表8–1）的分析，我们发现在民政系统设置的一系列保障慈善文化的制度措施中，开设慈善论坛的重要性最高，有31%的受访者认为它最重要。而设置慈善明星评选方法与举行新闻发布会次之，都有大约22%的受访者认为它们重要。

从上述分析中，我们认为，在促进浙江省慈善文化的形成方面，开设慈善论坛、设置慈善明星评选办法与举行慈善信息新闻发布会这些制度措施起到了积极的作用，在基层民政工作人员与民众心中产生良好的反响。

2. 养老文化的制度保障

随着老龄化风暴席卷全球，“银色浪潮”已成为我国现代化进程中必须面

① 数据来源于课题组《浙江省民政文化调查问题卷》。

对的一个极大挑战。在经济发达的浙江省，人口老龄化趋势更加明显。1990年，浙江省65岁及以上人口占总人口的比重为4.26%，2000年达到5.85%，2010年这一比重已上升到8.38%。在人口老龄化与社会转型的双重背景下，中国社会出现了越来越多的养老的社会问题，例如，空巢老年人的生活得不到应有的照料，“富而不养”现象严重，一些老年人的精神健康堪忧，甚至有一些老年人无人照料死于家中而无人知晓。这些反映了中国传统的养老文化慢慢在社会中丧失作用，“父慈子孝”的和谐氛围淡化。面对这种情形，浙江省各级民政系统，积极发挥作用，设置相关制度措施，构建新型养老文化。

通过调查数据的分析发现（见表8–3），在为促进新型养老文化形成的一系列制度措施中，浙江省民政系统所宣扬的新型孝道文化的重要性最高，有近1/3人次的民政工作人员认为建立新型孝道文化，对于解决人口老龄化的问题至关重要。同时，特色照护文化与敬老月活动在民政工作人员的心目中的重要性也较高。

表 8–3　养老文化的制度保障措施重要程度表

制度措施	频数	%
特色照护文化	522	23.0
新型孝道文化	743	32.8
敬老月活动	466	20.5
养老服务业博览会或论坛	459	20.2
其他	78	3.4
总计	2268	100

3.“三社文化”的制度保障

相对于传统的人类“共同体”而言，当代社会中基于传统阶级结构为基础的群体认同与阶层意识已经不可能存在，取而代之的是基于个人主义为基础的社会态度和意识形态的“碎片化”，由此出现了大量社会问题和新社会运动的出现。为了加强社会联系，建立新的社会秩序，需要一些新的社会文化。

浙江省民政系统顺势而为提出了“三社文化”建设这一提法，并创设了相关的制度措施促进“三社文化”的形成。通过调查数据的分析，我们发现志愿者服务这一制度设计在基层民政工作者心目中的重要性最高，而新邻里文化的促进与社会组织公益创投次之。这些制度设计的共同作用，在于培养三社文化的过程中效果明显。

四、现代大民政下浙江民政文化建设的基本路径

从更高要求上看，浙江的民政文化建设与“现代大民政”的要求还存在一定差距。在思想观念方面，对基于“现代大民政”的民政文化核心理念的理解还不够全面、深入，因而不能将其作为内在的标准和要求自觉指导民政实践。在实践形式方面，民政事业城乡一体化有待大力推进，如适度普惠型民生保障体系、基层社会管理制度体系、覆盖城乡的社会服务体系等都有待于健全和完善。

（一）加强教育、宣传和引导，深化对民政文化核心理念的理解和认同

“现代大民政”是个体生命的保障网（救助性）、是公平正义的推进器（普惠性）、社会管理创新的加速器（基础性）、社会建设的脚手架（骨干性）。基于现代大民政的民政文化核心理念，即忠诚、为民、责任、奉献四个要素所体现的是一个有机体，其中“为民”最为根本，是联系其他要素的枢纽，正如浙江省民政厅厅长尚清对“贴心民政”的阐释：民政一边连着民生，一边连着政务，民生是核心；民政，就是民生、民利、民本、民权之政，它要求民政工作者必须和群众心连心，贴心为群众服务。

要提升民政文化的水平和层次，观念先行是引领，这就必须强化对现代

大民政内涵以及民政文化核心理念的理解。积极创新学习载体，巩固“我们的价值观”大讨论成果，引导广大民政工作者积极转变“民政观”，深化对“忠诚、为民、责任、奉献”为内涵的民政文化核心理念的理解，树立正确的民政工作伦理。通过教育宣传，引导广大民政工作者树立高度的政治责任感，切实做好新形势下的民政工作，提高民生保障水平、增强服务发展大局能力、提高社会服务水平；充分认识到做好民政工作是落实执政为民理念、加强社会管理创新的内在要求，是实现保民生、稳增长的重要内容。只有这样，才能在研究民政工作、调研民政事项、制定民政政策等各个环节，真正从“为民”这个关键处着眼。同时，要加强宣传资源的整合，不断创新民政文化活动载体，扩大民政影响，在全社会获得广泛认同，使民政文化的核心理念深入人心，营造积极向上的民政文化建设环境。

（二）突出规划引领作用，科学有序推进现代大民政建设

要更好地实现向现代大民政的转型，根据现代大民政的方向和目标，结合经济社会建设实际和发展趋势，认真落实民政事业发展“十三五”规划，切实保证现代大民政建设的有序推进。规划定位准确，目标明确，点面结合，重点突出，措施有效，注重长远目标与近期目标、整体与局部等方面的有机统一。

规划以维护保障公民基本生活和基层民主政治权益为根本，以现代民政五大体系为主体，以民政工作城乡一体化为主线，以专业化、职业化、标准化、信息化建设为抓手，突出以人为本、全面发展；统筹协调、整体推进；政府主导、社会协同；立足基层、强化基础为原则，实现民政事业发展城乡一体化，形成与经济社会发展水平相适应、与基本公共服务均等化目标相协调的发展格局，确保民政事业整体发展水平走在全国前列。

从浙江现实出发，目前民政文化建设的重点是紧扣民政服务对象向城乡居民全覆盖、民政职能向社会建设各领域拓展、民政功能从兜底保障向依法保障城乡居民社会权益提升的任务，主要围绕以下两项重点，扎实推进各项

工作。一是加快民政事业城乡一体化步伐，积极推动基本公共服务均等化。着重完善适度普惠型民生保障体系，确保所有城乡居民共享经济社会发展成果。二是加强城乡基层社会管理，强化民政在社会建设和管理中的基础作用。以加快社区服务中心建设、加强社区组织体系建设、健全社区服务体系为主要内容，统筹城乡社区建设；以完善居民自治制度、村民民主自治管理为主要内容，深化基层民主自治；以加大社会组织发展扶持力度、提高社会组织服务社会能力、完善社会组织监督管理为主要内容，健全社会组织培育监管机制。

（三）构建合力作战的协同机制，着力营造民政文化建设的良好氛围

鉴于“现代大民政”具有大服务、大格局、大平台的显著特长，同时随着经济社会的快速发展和人民群众需要的快速增长，民政工作面临的任务十分艰巨。这就需要各级党委、政府高度重视，切实加强对民政工作的领导，加大改革创新力度，健全体制机制。第一，各级政府要加强对民政工作的领导，把民政工作摆到经济社会发展更加突出的位置，建立领导有力、组织健全、权责清晰、协调顺畅的民政管理体制和城乡互通、开放、融合的工作机制，有效整合社会资源，共同推动民政事业发展。建立市、县联动的民政工作机制，市、县（市、区）民政部门实现信息互通、资源共用、项目共建、成果共享，形成民政整体合力，树立良好的民政形象。第二，探索建立厅市合作机制，以五大基础建设为抓手，按照互惠共赢的原则，积极争取上级有关部门加大对浙江民政在资金、项目、人才、政策等方面的支持力度，不断推进民政管理服务创新。第三，增强民政服务能力，以法制化、规范化、标准化和信息化导向，制定完善救助、养老、社区等社会服务标准，提高民政政策法规工作水平。构建直接面向社会公众的民政信息化综合服务平台，提供优质快捷的网上审批服务。第四，夯实民政工作基础。进一步加大民政事业投入、健全稳定可靠的民政事业投入增长机制和支出绩效评估机制；加大民政基础设施和服务网络建设。

（四）精心打造民政文化载体，充分体现民政文化的时代精神

民政文化建设要着眼于社会主义核心价值体系建设和优秀传统文化传承体系建设。因此，要着力构筑平台，打造载体，扎实推进。

一是着力构建民政文化宣传平台。以主动、准确、适度、恰当为原则，从工作着力点和群众关注点入手，建立和完善民政新闻发言人制度，完善民政门户网站；充分发挥大众传媒、新兴媒体的宣传教育作用；利用各种平台，主动发布信息，善于倾听民意，积极引导舆论，让公众走近民政、了解民政、支持民政，不断增强民政的影响力和公信度。

二是不断完善民政文化设施。积极创造条件，完善机关、直属单位和行业管理单位的文化设施，组织开展广大员工和服务对象喜闻乐见、健康向上的文化活动，使广大参与者在身心愉悦中感受文化魅力、体会时代精神、提高文化素养。

三是充分发挥民政文化的育人功能。以孝亲助老为主题的孝文化教育，旨在建设优秀传统孝文化传承体系，营造良好的社会环境和温馨和谐的家庭氛围，提高老年人的幸福指数；贯彻《烈士褒扬条例》，实施零散烈士纪念设施保护工程，发挥烈士纪念设施“褒扬烈士、教育群众”的功能。

四是着力打造优秀民政文化品牌。从贴近民政（干部职工）和人民群众思想为出发点，坚持思想性、艺术性、观赏性和大众性相统一，以反映民政人为民奉献、开拓创新的时代精神为主旋律，精心打造民政文化品牌，以文化精品增进大众对民政工作的理解和认同。如，社会救助文化体现为民解困的仁政情怀，婚姻文化体现生生不息的家庭意识，殡葬文化体现慎始敬终的生命意识，老龄工作体现重孝厚养的尊老意识，地名文化体现乡土归属的地缘意识，拥军文化体现富国强军的民族自觉，等等。

（五）加强队伍建设力度，为繁荣发展民政文化提供人才保障

一是高度重视基层民政工作机构和干部队伍建设。充实加强县（市、

区）及乡镇（街道）民政工作力量，探索形成与履行民政职能相适应的行政管理系统。积极推行乡镇（街道）、城乡社区民政领域公益岗位的设置，有效采取政府购买服务等方式，引导社会工作专业人员参与基层民政公共服务。同时要大力加强民政自身建设，重点是认真落实民政系统党风廉政建设责任制；进一步转变民政干部工作作风，大力弘扬“忠诚、为民、责任、奉献”的民政文化建设，切实转变工作作风，扎实推进“创新型项目”“服务型标兵”“高效型团队”评选工作；切实做好信息信访和调研工作，加强民政工作制度执行力。

二是大力实施“社会工作人才素质提升工程”。建立专业社会工作者政策服务机制，制定专业社会工作职业政策法规，建立完善专业社会工作者的培养、评价、使用和激励机制。制定社会工作者专业能力的评价制度，明确社会工作者的职业操守、服务标准、注册登记和继续教育等内容，规范专业社会工作者的职业行为。鼓励发展社会工作服务机构。积极培育、扶持民办社会工作服务机构、民办社会工作培训机构，发展社会工作行业管理、评估、继续教育机构。鼓励社会资本投入社会工作人才培养、机构发展、服务提升和本土化理论研究。坚持多途径培育，建立以浙江高校为基础、政府推动和社会支持相互结合的社会管理人才培养培训体系，培养造就一支数量充足、专业化水平较高、结构比较合理的社会工作人才队伍，提升和谐社会服务能力。完善社会工作人才信息库，分类进行管理，为专业社会工作建设提供人才、技术和信息服务。

三是确立“法治民政”的理念。加大法治民政培训和宣传力度，充分利用电视、广播、报刊、宣传单、图片展板、汽车巡回广播等形式，全方位、立体式、多角度地宣传民政法律、法规，不断树立民政执法在人民心目中的良好形象，推动民政现有政策法规的实施。进一步规范执法程序，明确行政执法职权，提高执法队伍整体素质。

五、小结

如上文所述，浙江省民政文化建设遇到了一系列困境。例如，民政系统的从业者对于民政文化建设及内涵的认知不足，民政文化建设的宣传不够；民政文化建设财力的投入不足；民政文化建设的方式贫乏，缺少创新的途径。同时，政策、制度的保障力度有待提升；民政文化建设中社会力量参与度低，不利于形成良性互动。

针对这些困境，浙江省民政系统应制定相关目标，促进民政文化形成与发展。首先，形成与发展民政文化核心理念；其次，丰富相关制度，促进民政文化繁荣；最后，要为精神文化的形成提供物质保障。同时，要在大民政的实践过程中，建立行为规范、人际关系、干部职工素质与行业作风规范。为了确保这些目标能够得到落实，浙江省民政系统需要在民政工作的实践过程中，不断创新相关的保障机制与制度措施：第一，需要不断丰富民政文化内涵，激活民政事业力量源泉；第二，需要不断创新民政文化载体，梳理民政核心文化理念；第三，需要不断促进民政文化建设，巩固民政体系运行机制；第四，需要不断完善民政文化制度，强化民政建设刚性保障。

在大民政时代，建设民政文化需要结合各种新老路径。为了深化对民政文化核心理念的理解和认同，需要在民政工作者中深化宣传和引导；建设民政文化要有合理的规划，突出规划引领作用，科学有序推进现代大民政建设；需要构建合力作战的协同机制，使得社会各界力量都能参与到民政文化的建设中，着力营造民政文化建设的良好氛围；精心打造民政文化载体，不断丰富民政文化的产生平台。民政文化是民政工作者与服务对象的文化，因此最重要的是人的培养，这就需要加强队伍建设力度，为繁荣发展民政文化提供人才保障。

参考文献

［1］安连朋:《略论中国古代传统慈善文化到近代的演变》,《学理论》2014 年第 26 期。

［2］北京市民政局理论学习中心组:《以“大民政”理念推动首都民生事业创新发展》,《前线》2009 年第 11 期。

［3］操国胜:《改革开放以来双拥工作研究综述》,《池州学院学报》2010 年第 5 期。

［4］巢峰主编:《辞海（下册）》, 上海辞书出版社，1989 年版，第 4022 页。

［5］何兰萍:《从慈善纠纷看我国慈善事业制度化的方向》,《学习与实践》2009 年第 4 期。

［6］浙江省民政厅社会救助处:《创新社会救助体系，惠及更多困难群众》,《浙江民政》2013 年第 10 期。

［7］陈晓峰:《丝巾传真情 温暖军嫂心》, 湖州双拥网，http://www.husy.gov.cn/art/2015/3/24/art_9196_377553.html。

［8］陈建胜:《从社区服务中心到社区中心：公共空间的社会性锻造》,《浙江学刊》2013 年第 6 期。

［9］纯光:《深化民政改革要有“敢为天下先”的精气神——广东省民政厅厅长刘洪访谈录》,《中国民政》2014 年第 3 期。

［10］《大智度论》卷二七《释初品·大慈大悲义》，上海·上海古籍出版社，1993年版。

［11］戴凡：《浙江慈善捐款有八成来自民企》，《财富智慧》2007年第3期。

［12］邓会友：《深入贯彻落实党的十八大精神充分发挥民政在保障和改善民生中的主导作用》，《民风》2013年第1期。

［13］丁元竹：《社区与社区建设：理论、实践与方向》，《学习与实践》2007年第1期。

［14］高成运：《构建和发展民政文化的思路与对策》，民政部政策研究中心。

［15］公共编辑：《宁波市：广泛开展双拥共建活动 大力推进双拥文化》，浙江在线民政视窗，http://mznews.zjol.com.cn/system/2014/08/01/ 020175724_04.shtml。

［16］黄家亮：《社区文化建设与社会生活共同体构建》，中国文化报，http://epaper.ccdy.cn/html/2010-07/23/content_28752.htm。

［17］福州市民政理论基地课题组：《促进社会和谐的民政文化发展研究》，《中国民政》2005年第9期。

［18］黑龙江省民政厅民政文化课题组：《民政文化研究初探》，《中国民政》2003年第11期。

［19］韩振秋：《提高公众慈善意识的有效路径》，《中国民政》2014年第7期。

［20］杭州市上城区：《平安365社会治理机制建设》，人民网，http://leaders.people.com.cn/n/2014/0701/c382918-25225393.html。

［21］《杭州下城区100万专项资金助公益种子萌芽》，浙江在线，http://zjnews.zjol.com.cn/system/2013/11/19/019711331.shtml。

［22］何向荣、沈智毅：《温州明清时代慈善公益事业的分析》，《浙江工贸职业技术学院学报》2013年第4期。

[23] 何校生:《说说双拥文化》, http://www.zjol.com.cn/05culture/system/2007/10/22/008904746.shtml。

[24] 何小青:《慈善文化与消费伦理的价值契合及建设路径》,《浙江学刊》2010年第1期。

[25] 胡文木、毛丹:《构建浙江现代大民政——浙江省首届学术年会学术专场综述》,《浙江社会科学》2013年第2期。

[26]《胡润2006年中国内地慈善榜》, 新浪财富, http://finance.sina.com.cn/focus/hrcs2006/。

[27] 胡跃忠:《关于苏州民政城乡一体化的思考》,《中国民政》2013年第11期。

[28] 胡宗山:《全国社区建设模式评析》,《中国民政》2001年第6期。

[29] 胡守钧、刘畅:《社会组织的经济政治文化功能》, 2010年12月21日《深圳特区报》。

[30]《江干区评出10个社区文化品牌》, 浙江在线, http://zjnews.zjol.com.cn/05zjnews/system/2011/11/16/017999548.shtml。

[31] 靳环宇:《试论中国慈善文化形态及其变迁》,《船山学刊》2005年第1期。

[32]《敬老爱老 构建幸福和谐杭州》,《杭州日报》, http://hzdaily.hangzhou.com.cn/hzrb/html/2014-05/13/content_1725673.html。

[33] 金双秋:《民政概论》, 北京·北京大学出版社, 2009年版。

[34] 金双秋:《中国民政文化史》, 北京·北京大学出版社, 2009年版。

[35] 雷朝晖:《双拥立法势在必行》, 全国双拥办, http://sy.mca.gov.cn/article/llyjlm/200712/20071200005204.shtml。

[36]《临海东塍东溪单村成立全国首家村级孝心基金》,《台州日报》, http://www.taizhou.com.cn/news/2011-12/02/content_482900.htm。

[37] 林尚立:《社区民主与治理: 案例研究》, 北京·社会科学文献出版社, 2004年版。

[38] 黎熙元、陈福平：《社区论辩：转型期中国城市社区的形态转变》，《社会学研究》2008年第2期。

[39] 刘继同：《中国城市社区建设发展阶段与主要政策目标》，《唯实》2004年第3期。

[40] 李刚：《浙江慈善市场化运作创新路径》，《今日浙江》2009年第10期。

[41] 李建永、赵晓明：《大民生大服务，构建大民政——与浙江省民政厅厅长尚清谈学习贯彻十八大精神》，2012年12月14日《中国社会报》。

[42] 李璐：《“大民政”：民政服务社会化的实践模式——以北京市“大民政”实地调查为例》，《黄河科技大学学报》2012第6期。

[43] 李强、粤民宣：《广东民政事业实现跨越式发展：5年来集中力量解决一批民生问题办成一批惠民实事》，2012年5月16日《南方日报》，第4版。

[44] 李富胜：《民政文化在“现代民政”构建中的功能作用》，2010年8月11日《中国社会报》，第B02版。

[45] 罗文恩、周延风：《中国慈善组织市场化研究——背景、模式与路径》，《管理世界》2010年第12期。

[46] 曼纽尔·卡斯特：《网络社会：跨文化视角》，北京·社会科学文献出版社，2008年版。

[47] 马伊里：《以人为本 以人和为目标——关于现代民政核心价值观的讨论》，《中国民政》2009年第12期。

[48] 蒙长江：《中国传统慈善文化的历史沿革及现实挑战》，《西南民族大学学报：人文社会科学版》2005年第26期。

[49] 民政部政策研究中心调研组：《上海民政带给全国的思考》，2012年5月25日《中国社会报》，第3版。

[50]《民政部数据显示中国人均慈善捐款仅为25元》，新华网，http://news.xinhuanet.com /politics/2010-11/03/c_12731066.htm。

[51] 莫涓：《践行为民宗旨推动民政保障民生水平实现新跃升》，《中国

民政》2012 年第 6 期。

［52］《宁波建成全国最大社会组织孵化群》，人民网，http://nb.people.com.cn/n/2013/1222/c200904-20202866.html。

［53］《宁波市：广泛开展双拥共建活动 大力推进双拥文化》，http://mznews.zjol.com.cn/system/2014/08/01/020175724.shtml。

［54］全国双拥领导小组关于颁发《双拥模范城（县）命名管理办法》（国拥［1993］5 号）。

［55］衢州市民政局研究课题组:《基于“现代大民政”背景的民政文化研究——以衢州为例》，2012 年 11 月 24 日。

［56］任振兴、江志强:《中外慈善事业发展比较分析——兼论我国慈善事业的发展思路》,《学习与实践》2007 年第 3 期。

［57］舒纬明:《与时俱进 改革创新 不断开创江苏民政事业率先发展新局面》，2012 年 9 月 6 日《新华日报》，第 8 版。

［58］省民政厅:《罗卫红副厅长调研慈善文化和宣传工作》，http://www.zjmz.gov.cn/il.htm?a=si&key=main/01/stdt&id=4028e4814bcc705d014bee0cdfec02f9。

［59］商务印书馆编辑部:《辞源（第二册）》，北京·商务印书馆，1980 年版，第 1357 页。

［60］尚清:《全面深化民政改革，再创浙江民政事业发展新优势》，2014 年 1 月 14 日《中国社会报》，第 1 版。

［61］尚清:《浙江现代大民政的实践与思考》，中华人民共和国民政部网 http://mzzt.mca.gov.cn/article/mzlt2013/dxfy/201307/ 20130700486641.shtml。

［62］尚清:《幸福养老——浙江养老服务业发展的趋势和目标》,《今日浙江》2014 年第 20 期。

［63］尚清:《探索构建浙江“现代大民政”打造“贴心民政”“法治民政”“阳光民政”——在省民政厅领导干部大会上的讲话》,《浙江民政》2012 年第 6 期。

[64] 尚清:《激发社会活力 创新基层治理——基于浙江省基层社会治理主体培育的视角》, 2014 年 11 月, 浙江省民政厅网, http://www.zjmz.gov.cn/il.htm?a=si&id=4028e48149dbe76f0149df86ad75000b。

[65] 上善若水:《浙江慈善文化》, 杭州·浙江大学出版社, 2010 年版。

[66] 宋林飞:《现代慈善事业与慈善文化》, 南京·江苏人民出版社, 2011 年版。

[67] 苏民:《创新, 开启江苏民政发展新路径》, 2008 年 11 月 14 日《中国社会报》, 第 4 版。

[68] 田川:《民政部与粤府昨签署共推珠三角地区民政工作改革发展协议——广东民政八个领域将先行先试》, 2009 年 7 月 21 日《民营经济报》。

[69]《"务实、守信、崇学、向善"时代呼唤共同价值观》, 浙江在线新闻, http://zjnews.zjol.com.cn/05zjnews/system /2012/06/10/018563769.shtml。

[70] 万安伦:《民政文化的特性与功用》,《中国民政》2012 年第 1 期。

[71]《万里拥军万千情——记全国拥军模范钱立玲》, 德清新闻网, http://www.dqnews.cn/dqnews/system/2012/05/09/015016477.shtml。

[72] 王爱平、孙玉琴:《浙江养老服务: 向更高更优更细更实迈进》,《中国民政》2012 年第 11 期。

[73] 王正玲、张希:《多维解码上海现代民政》, 2012 年 2 月 9 日《中国社会报》, 第 1 版。

[74] 王仲:《近代宁波帮慈善事业对当前慈善文化建设的启示》,《宁波职业技术学院学报》2013 年第 1 期。

[75] 王爱平、陈日发、朱巍巍:《开启了用制度保障人民群众基本生活的新时代——十六大以来民政保障基本民生取得巨大成就》,《中国民政》2012 年第 11 期。

[76] 韦庆远:《中国政治制度史》, 北京·中国人民大学出版社, 1989 年版。

[77] 吴桂英:《统一思想 提高认识 全面实施"农村老年福利服务星光

计划”》,《浙江民政》2008 年第 2 期。

[78]民政厅救灾处:《现代大民政背景下我省减灾救灾工作的初步思考》,《浙江民政》2012 年第 12 期。

[79] 肖国飞、任春晓:《浙江慈善事业发展的社会推力研究》,《国家行政学院学报》2009 年第 1 期。

[80] 徐麟:《关于当前上海民政工作发展的若干思考》,《中国民政》2006 第 5 期。

[81] 徐挺、霍永军:《慈溪地名中的文化元素和特色文化塑造》,http://www.nbmz.gov.cn/UpLoadFiles/20110815051239.doc。

[82] 徐永祥:《社区发展论》,上海・华东理工大学出版社,2001 年版。

[83] 夏宝龙:《在浙江省纪念建军 87 周年暨双拥模范城(县、区)命名表彰大会上的讲话》,2014 年 8 月 1 日。

[84] 姚红兵、张后继、沈伟杰:《舟山军民弘扬双拥传统培育双拥文化打造双拥品牌实录》,2012 年 11 月。

[85] 叶菁、朱云法、方凯:《深化军民融合 实现文化对接 浙江省台州市成立全国首家双拥文工团》,新华网,http://news.xinhuanet.com/politics/2012-02/01/c_122642982.htm。

[86]《余杭区多措并举推进智慧养老》,杭州余杭,http://www.yuhang.gov.cn/zjyh/jryh/dzdt/bmdt/201412/t20141224_971747.html。

[87] 杨伯峻:《春秋左传注》,北京・中华书局,1981 年版。

[88] 杨一渠、张小:《三百年慈善文化在姑苏大地一脉传承——“苏州市社会福利院”300 年发展影像史》,《中国民政》2010 年第 11 期。

[89]姚昌德:《首都大民政文化创新发展绽放魅力》,2012 年 2 月 20 日《中国社会报》,第 1 版。

[90] 杨贵华:《重塑社区文化,提升社区共同体的文化维系力——城市社区自组织能力建设路径研究》,《上海大学学报》(社会科学版)2008 年第 3 期。

［91］杨建华:《“三社互动”：一种新型社会管理体系的构建》,《观察与思考》2011 年第 7 期。

［92］《娃哈哈董事长宗庆后的慈善事迹》, http://www.doc88.com/p-685404114829.html。

［93］张希、王正玲等:《现代民政在上海成长》, 2012 年 3 月 19 日《中国社会报》, 第 11 版。

［94］张良礼、刘爱莲:《民政运作体系探索与构建》, 北京·社会科学文献出版社, 2007 年版。

［95］赵顺盘:《民生：和谐社会的根基——“强势民政”在江苏的探索与实践》, 北京·中国社会出版社, 2007 年版。

［96］赵洪祝:《加快建设现代大民政格局 充分发挥民政在社会建设中的骨干作用——在第十七次全省民政会议上的讲话》,《浙江民政》2012 年第 6 期。

［97］郑杭生:《民生为重、造福于民的体制创新探索——从社会学视角解读“大民政”的本质和重大意义》,《新视野》2011 年第 6 期。

［98］郑杭生:《社会学理论视野中的社会矛盾》, 社会学视野网, http://www.sociologyol.org/yanjiubankuai/xueshuredian/zhongguorenmindaxuezhongguoshehuifazhanyanjiubaogao2007/2007-06-25/2585.html。

［99］哲民、中政:《浙江民政：立足民生实现新跨越》, http://kreader.cnki.net/Kreader/CatalogViewPage.aspx?dbCode=CJFQ&filename=MIZ H201006005&tablename=CJFD2010&compose=&first=1&uid=WEEvREcwSlJHSldTTGJhYlNxYkpib2FMZXM4L0kxd0loeDlNK2xrVFJnSFlkSWJ3WW82TkhSbFVDUFhDOFFjcDVRbz0=$9A4hF_YAuvQ5obgVAqNKPCYcEjKensW4IQMovwHtwkF4VYPoHbKxJw!!。

［100］《浙江今年新建 5000 个社区居家养老中心》, 浙江新闻网, http://news.zj.com/detail/2015/02/28/1567793.html。

［101］《浙江省民政厅推进“三社联动”工作座谈会在上城区召开》, 浙江省民政厅, http://www.zjmz.gov.cn/il.htm?a=si&id=4028e4814702c0f60147231c5

e9a01cf。

[102] 浙江民政:《浙江：现代社会组织体制建设创新示范活动昂首前行》，民政部，http://www.mca.gov.cn/article/zwgk/dfxx/201501/ 20150100765736.shtml。

[103]《浙江福利彩票年发行首次超过百亿元 为公益事业和保障民生作出重要贡献》,《浙江民政》2013 年第 2 期。

[104] 浙江省发改委社会处:《浙江省 2012 年老年人口和老龄事业统计公报》，http://www.zjdpc.gov.cn/art/2013/6/5/art_344_544749.html。

[105] 浙江省发改委社会处:《浙江省 2012 年老年人口和老龄事业统计公报》，http://www.zjdpc.gov.cn/art/2013/6/5/art_344_544749.html。

[106]《浙江慈善事业全国领先》,《浙江日报》，http://news.sina.com.cn/c/2006-02-26/05288302966s.shtml。

[107]《浙江省慈善总会机构简介》，浙江慈善网，http://www.zcf.org.cn/Airtcle/info.aspx?id=4。

[108]《在“慈善文化村”感受“勤善和美”》，嘉兴在线 - 嘉兴日报，2015 年 1 月 13 日。

[109] 中国民政编辑部:《为民政改革发展鼓风助力》,《中国民政》2014 第 7 期。

[110]《准确把握大民政文化的核心理念 扎实推进首都双拥文化建设》，首都双拥网，http://bjsy.bjmzj.gov.cn/jywc/jyjl/278.html。

[111] 钟利平、青鲁湘:《“十一五”民政工作的目标和任务》,《中国民政》2007 年第 2 期。

[112] 周立标:《把握舆论宣传话语权 弘扬北京大民政文化》,《中国民政》2013 年第 2 期。

[113] 周秋光、曾桂林:《中国慈善简史》，北京 · 人民出版社，2006 年版。

[114] 周秋光:《中国慈善发展的历史与现实》,《史学月刊》2013 年

第 3 期。

［115］周燕:《共同价值观 : 壮大浙江志愿服务的精神基石》,《观察与思考》2013 年第 12 期。

［116］朱巍巍 :《江苏：强力推进民政公共服务设施建设》,《中国民政》2010 年第 12 期。

［117］朱德明:《南宋时期浙江慈善医疗机构考述》,《医学与社会》2006 年第 18 期。

［118］《浙江是全国率先建立完善新型社会救助体系的省份》，浙江新闻，http://zjnews.zjol.com.cn/05zjnews/system/2012/05/21/018505603.

［119］《2014 浙江民政：创制创新，大步前行》,《中国社会报》，http://cbzs.mca.gov.cn/article/shxw/xwgl/201501/20150100764663.shtml。

［120］《浙江省海盐县扎实推进孝道养老工程》，中华人民共和国民政部，http://www.mca.gov.cn/article/zwgk/dfxx/201407/20140700661919.shtml。

［121］《浙江舟山群岛社区》，http://www.zhoushan.cn/rdzz/gjjhhzhkf/xwsd/201211/t20121113_568710.htm。

政府文件:

［122］浙江省借力社会工作提升福利机构管理服务水平，民政部门户网站，http://www.mca.gov.cn/article/zwgk/dfxx/201303/20130300428839. shtml。

［123］浙江省民政厅:《“浙江慈善奖”评选表彰办法》。

［124］浙江省民政厅:《浙江省“阳光救助”工程实施方案》。

［125］浙江省民政厅:《浙江省慈善事业发展指导纲要（2006—2010 年）》。

［126］浙江省民政厅:《浙江省社会救助审批回避办法》。

［127］浙江省民政厅:《浙江省最低生活保障资金管理暂行办法》。

［128］浙江省民政厅儿童福利与慈善事业促进处:《浙江省慈善事业促进

条例》。

［129］浙江省政府：《浙江省优待老年人规定》。

［130］浙江省政府：《浙江省人民政府办公厅关于促进养老服务业发展的通知》（浙政办发［2006］84号）。

［131］浙江省政府：《浙江省人民政府关于加快推进养老服务体系建设的意见》（浙政发［2008］72号）。

［132］浙江省政府：《浙江省人民政府关于深化完善社会养老服务体系建设的意见》浙政发［2011］101号。

［133］浙江省政府：《关于加快发展养老服务业的实施意见》。

［134］浙江省政府：《关于发展民办养老产业的若干意见》。

［135］浙江省政府：《浙江省社会养老服务促进条例》。

［136］浙江省民政厅、省财政厅：《关于推进困境儿童分类保障制度的通知》。

［137］浙江省民政厅：《2012年浙江省双拥工作主要情况和基本经验》。

［138］浙江省民政厅：《广泛开展双拥共建活动 大力推进双拥文化》。

［139］浙江省民政厅：《2010年浙江省双拥工作主要情况和2011年双拥工作打算》。

［140］浙江省民政厅：《2011年全省双拥工作总结》。

［141］浙江省民政厅：《省级双拥模范城（县、区）考核情况总结报告》。

［142］浙江省民政厅：《军地共建展新颜　军民融合谱新篇——浙江2010年以来双拥工作综述》。

［143］浙江省民政厅：《2013年浙江省双拥工作主要情况和2014年双拥工作思路打算》。

［144］浙江省民政厅：《2014年浙江省双拥工作主要情况》。

［145］浙江省民政厅：《台州市2012年双拥工作总结》。

［146］浙江省民政志编纂委员会：《浙江省民政志》，北京·中国社会出版社，1994年版。

[147] 中共浙江省委、浙江省人民政府:《坚持富国强兵相统一 构建爱国拥军新格局 扎实推进新形势下军民融合式发展》,2010 年 5 月。

[148]《中共浙江省委、浙江省人民政府、浙江省军区关于进一步加强双拥工作的意见》(浙委 [2004] 20 号)。

[149] 中共浙江省办公厅、浙江省人民政府办公厅:《关于加快发展慈善事业的通知》。

[150] 浙江省人民政府办公厅:《关于加快建立覆盖城乡的新型社会救助体系的通知》。

[151] 中共浙江省委人才工作领导小组:《浙江省社会工作人才队伍建设中长期规划(2011—2020 年)》。

[152] 浙江省人民政府办公厅:《关于进一步完善困难群众基本生活价格物价补贴机制的通知》。

[153] 浙江省人民政府:《关于进一步完善新型社会救助体系的通知》。

[154] 浙江省人民政府:《浙江省城乡居民临时救助办法(试行)》。

[155] 浙江省人民政府:《浙江省福利企业管理办法》。

[156] 浙江省人民代表大会常务委员会:《浙江省社会救助条例》。

[157] 浙江省民政厅:《浙江省阳光慈善建设实施方案》。

附录一
浙江省民政文化调查数据分析报告

一、问卷调查简介

受浙江省民政厅委托，我们承担了浙江省民政厅2014年度重点课题：现代大民政时代下的浙江民政文化发展研究。浙江省民政文化调查是课题的调查项目之一。此次调查采用了问卷调查的方式。

为了全面了解浙江省民政文化，调查采取了分层抽样的模式，分别从浙江省民政厅、11个地市级民政局、90个县（市、区）民政局，随机抽取了1023名调查对象。由于调查对象的特殊性，调查问卷于2014年12月由民政厅宣传处集中发送到浙江省各级民政系统，由各级民政系统随机抽取调查对象。由于问卷发放程序不能得到严格控制，问卷质量存在一定的问题，在问卷收回后通过严格的问卷清理予以改善。

通过数据处理，最终1023个有效样本的性别、年龄、文化程度、政治面貌的分布情况见表1：

表1　受访者基本情况的描述性统计（剔除系统缺失值）

特征	类别	频数	%
性别	男	579	56.9
	女	439	43.1
年龄	30 岁以下	230	22.6
	31—50 岁	678	66.7
	51 岁及以上	109	10.7
文化程度	初中及以下	2	0.2
	高中、职高、中专	27	2.6
	大专	214	21
	大学本科及以上	776	76.2
政治面貌	非党员	240	23.2
	党员	783	76.8

二、调查结果分析

（一）浙江民政文化核心理念分析

课题组成员通过大量的文献阅读，发现以下词语可以分别代表一种民政文化理念：尊重、负责、勤政、贴心为民、高效、务实、守望相助、公正、服务民生、以民为本、保障民权、惠及民利、为民解困、廉洁阳光、爱岗敬业、诚信、奉献、公平、共建共享 、便民、仁爱向善、忠诚、创新。通过询问民政干部与基层民政工作人员“您认为哪些词语能够代表浙江省民政文化的核心理念”，我们可以了解到浙江特色的民政文化核心理念有哪些。

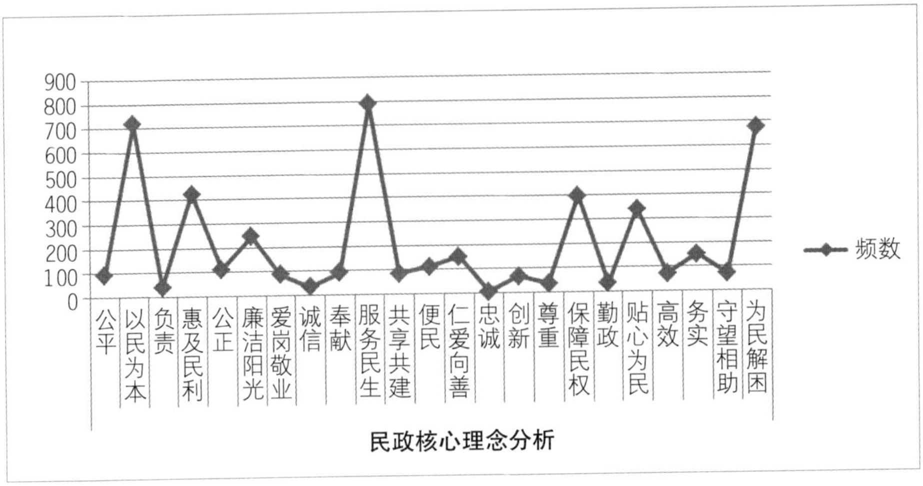

图1　浙江省民政文化核心理念

从图1中我们可以看出，以民为本、惠及民利、服务民生、保障民权与为民解困这五个理念被选的次数都远远超过其他理念，分别为719人次（14.9%）、424人次（8.8%）、790人（16.3%）、399人次（8.3%）、676（14.0%）人次。通过对上述的数据分析，可以将浙江省民政文化的核心理念归纳为："以民为本、惠及民利、服务民生、保障民权、为民解困"。

有意思的是这五个核心理念都含有一个"民"字，我们可以用这五个理念来解释"民政"概念中的"民"字。"以民为本"可以看作是浙江民政的哲学内涵；"服务民生"与"惠及民利"代表浙江民政直接关系到民众的最根本利益；"保障民权"则体现了民政系统在基层政权建设过程中发挥的积极作用，而在新时期则体现为民政系统社区建设过程中的重要作用；"为民解困"则代表了民政系统在救济困难民众（包括老年人、残疾人、因灾致困的人）过程中所具有的重要意义。

（二）大民政时代浙江民政工作的主要特征分析

相对于一般意义上的民政，所谓"大民政"理念，就是要胸怀全局，树立大局意识，不仅要立足民政，还要跳出民政，正所谓“不谋全局者不足以谋一域”，不能闭门造车，不能始终局限在民政固有的工作范畴里，自缚手脚，故步自封。浙江省的民政工作在大民政时代，也不仅仅立足于民政本身，其工作体现了全局观与多元价值关怀。这从我们调查的数据中可以直接地观察到。

表 2　大民政时代民政工作特征表

特征	响应		个案 %
	N	%	
多元性	524	17.3	51.4
公益性	587	19.4	57.5
保障性	709	23.4	69.5
政治性	75	2.5	7.4
社会性	613	20.2	60.1
民事性	107	3.5	10.5
群众性	348	11.5	34.1
行政性	66	2.2	6.5
总计	3029	100	297

如表2所示，我们可以看出浙江省各级民政系统的工作人员认为在大民政时代，民政工作的最突出的特征为保障性。在被调查者中，有23%的受访者认为保障性是“大民政”时代浙江省民政工作的最突出特点。而社会性、公益性、多元性与群众性同样也被认为是重要的民政工作特征。

其中社会性与群众性代表“大民政”时代，浙江省民政工作面向社会，树立了开放意识，加快推进民政事业发展社会化进程，最大限度地争取广大人民群众的支持和参与，引导和鼓励社会力量兴办民政事业，努力构建“党委政府领导、民政牵头协调、部门支持配合、社会力量参与”的“大民政”格局。而公益性与多元性则代表浙江民政工作跳出民政本身范围，大力开展民政工作，胸怀全局，有大局意识。

（三）民政文化知晓率分析

近年来，浙江省民政系统开展了一系列民政文化建设活动，民政文化建设慢慢深入人心。通过问卷调查数据的分析，我们发现，在被调查的民政工作人员中有超过半数的人知道民政文化建设这一提法。虽然还有一部分人并不知道民政文化建设这一提法，但是从下文的分析中我们可以发现，他们还是在民政系统及其设置的相关制度与举办的一系列民政文化培养活动中习得独有的民政文化核心理念。

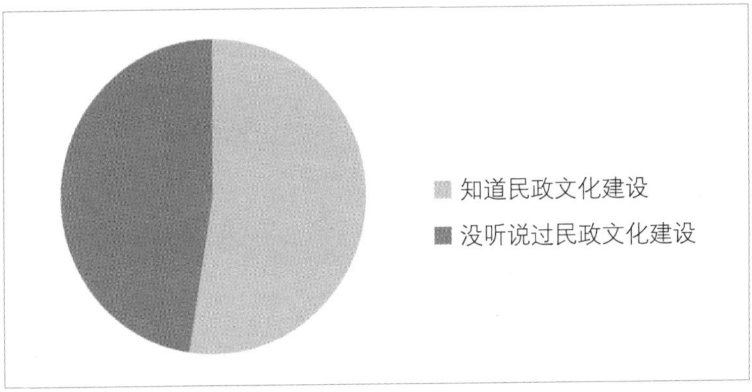

图2　民政文化建设知晓率分析

虽然大部分人知道民政文化建设这一提法，但是可能并不是所有人都知晓民政文化的真正内涵。从图2 中我们可发现，在被调查者中，仅有24%的人了解民政文化的含义，同时对于民政文化含义不清楚的仅有17.5%。而听说过民政文化，但对其含义不是很了解的人占58.5%。这需要民政部门进一步加强宣传并开展相关活动，促进民政文化深入人心。

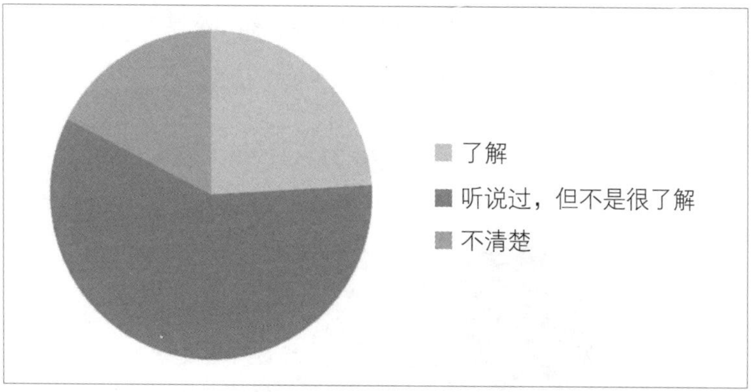

图3　民政文化含义知晓率分析

（四）民政文化子范畴知晓率分析

从上文的分析中，我们可以知道被调查的民政工作人员中有超过半数的人知道民政文化建设这一提法。民政文化有一系列的子范畴，被调查者对于这些民政文化的子范畴的知晓率也是不同的。通过对调查数据的分析，我们发现养老文化的知晓率最高，其次是“三社文化”，排在第三位的是慈善文化。分别有271人次（21.9%）、201人次（16.2%）、150人次（12.1%）知晓这些民政文化的子范畴。这状况与浙江省民政系统建立的一系列促进民政文化发展的制度保障措施密切相关。

在促进慈善文化的形成方面，浙江省民政系统开设了慈善论坛，并且设置相关评选机制，评选在慈善方面作出突出贡献的个人与企业并进行颁奖活动，同时还设置了新闻发布会制度及时发布相关慈善新闻。在促进新型养老文化的形成方面，浙江省民政系统大力宣传新型孝道文化与特色照护文化，同时开展了敬老月活动，并设置了养老服务业博览会。这些措施对于新型养老文化的形成都起到了积极作用。在培育“三社文化”（社区、社会工作各级人才、社会组织）方面，浙江省各级民政系统都成立了专门的机构，保障具体措施的实施。除此之外，各级民政系统大力宣扬邻里文化，开展社区节，以此加强居民间的社会联系，解决现代社会人际疏离问题。同时大力提倡志愿服务，开展社会组织公益创投。

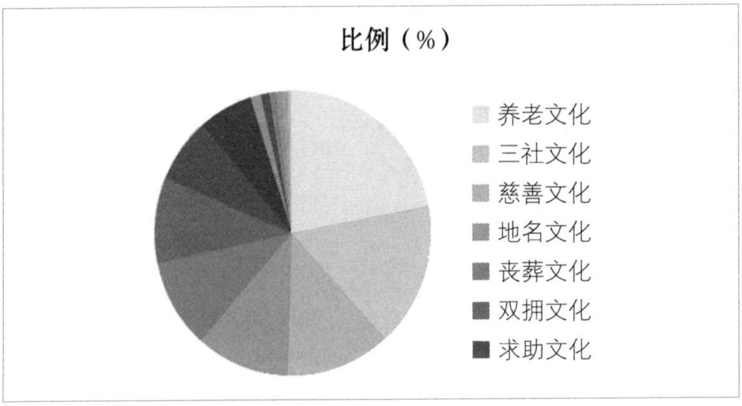

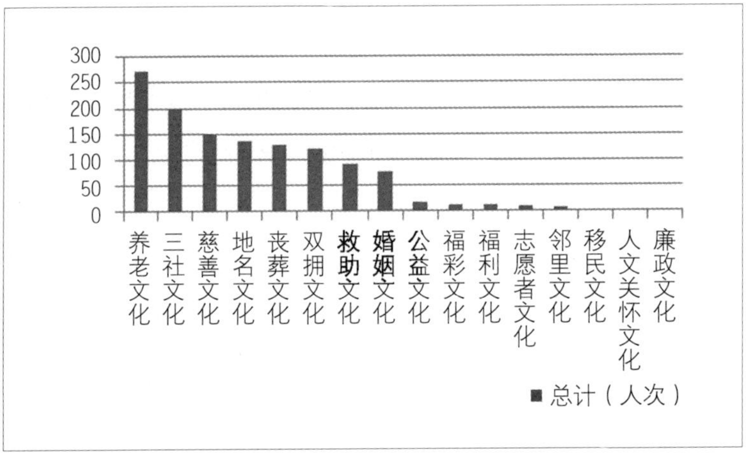

图4　民政文化子范畴知晓率分析

（五）民政文化的制度保障措施认同度分析

民政文化不是一朝一夕就能形成的，而是在多种因素的共同作用下经过历史的沉淀形成的。在促进民政文化健康发展的因素中，制度保障是一个非常重要的因素。浙江省民政系统为了促进良好的民政文化的形成与发展，建立许多相关制度。

并不是所有的制度措施一经实施，就会受到民政工作人员与民众的青睐，并发挥非常好的作用。浙江省民政系统为了促进各方面的民政文化形成而设置的一系列制度措施，这些制度措施起到了不同的作用，在民政工作人员心中也有着不同的认同度。

1. 慈善文化的制度保障措施的认同度分析

民政工作人员中大部分是直接与民众接触的人员，他们对各种制度措施的受青睐的程度与重要性有着直观的把握。为了了解哪些制度措施在促进相关民政文化的形成方面起到更加积极的作用，更受民众与基层民政工作人员的青睐，我们进行了相关的社会调查。通过对调查数据的分析，我们可以发现，如表3所示，在民政系统设置的一系列保障慈善文化的制度措施中，举办慈善论坛的重要性最高，有31%的受访者认为最重要。而设置慈善明星评选方法与举行新闻发布会次之，都有大约22%的受访者认为重要。

表 3　慈善文化的制度保障措施重要性表

制度措施	频数	%
颁奖活动	338	16.2
新闻发布会	458	22.0
设置评选办法	468	22.5
举办慈善论坛	646	31.0
其他	174	8.3
总计	2084	100

从上述分析中，我们可以认为，在促进浙江省慈善文化的形成方面，举办慈善论坛、设置慈善明星评选办法与举行慈善信息新闻发布会这些制度措施起到了积极的作用，在基层民政工作人员与民众心中有良好的反响。

2. 养老文化的制度保障措施的认同度分析

随着老龄化风暴席卷全球，“银色浪潮”成为我国现代化过程中的一个极大挑战。在经济发达的浙江省，人口老龄化趋势更加明显。1990年，浙江省65岁及以上人口占总人口的比重为4.26%，2000年达到5.85%，2010年这一比重已上升到8.38%。在人口老龄化与社会的转型的双重背景下，中国社会出现了越来越多的关于养老的社会问题，例如空巢老年人的生活得不到应有的照料；“富而不养”，一些老年人的精神健康堪忧；甚至有一些老年人无人照料死于家中而无人知晓。这些都反映了中国传统社会的养老文化慢慢在社会中丧失作用，“父慈子孝”的和谐局面不再。面对这种情形，浙江省各级民政系统，积极发挥作用，设置相关制度措施，构建新型养老文化。

通过调查数据的分析，我们可以发现（见表4），在为促进新型养老文化形成的一系列制度措施中，浙江省民政系统所宣扬的新型孝道文化的重要性最高，有接近1/3人次的民政工作人员认为建立新型孝道文化，对于解决人口老龄化的问题至关重要。同时，特色照护文化与敬老月活动在民政工作人员的心目中的重要性也较高。

表 4　养老文化的制度保障措施重要性表

制度措施	频数	%
特色照护文化	522	23.0
新型孝道文化	743	32.8
敬老月活动	466	20.5
养老服务业博览会或论坛	459	20.2
其他	78	3.4
总计	2268	100

3. “三社文化”的制度保障制度措施认同度分析

相对于传统的“共同体”而言，当代的“社会”中基于传统阶级结构基础的群体认同与阶层意识已经不可能存在，取而代之的是基于个人主义基础的社会态度和意识形态的“碎片化”，由此出现了大量社会问题和新社会运动的出现。为了加强社会联系，建立新的社会秩序，需要新的一些社会文化来解决这些问题。

表5　“三社文化”的制度保障措施重要性表

制度措施	频数	%
社区节	406	17.1
新邻里文化	626	26.4
志愿服务	665	28.0
社会组织公益创投	632	26.6
其他	45	1.9
总计	2374	100

浙江省民政系统顺势而为提出了“三社文化”建设这一提法，并创设了相关的制度措施促进“三社文化”的形成。通过调查数据的分析，我们可以发现（见表5），志愿者服务这一制度设计在基层民政工作者心目中的重要性最高，而新邻里文化的促进与社会组织公益创投次之。

（六）民政文化建设中的问题分析

从表6中，我们可发现，浙江省民政干部认为，在民政文化建设中最大问题是民政文化的含义不够明确，其次是相关的宣传策划不够，相关的工作推动不够。因此，需要进一步明确民政文化的含义，加强相关宣传策划并推动相关的制度设计落到实处。

表 6　民政文化建设中的问题

民政文化建设中的问题	频数	%
民政文化的含义不够明确，缺少抓手	668	31.0
领导重视不够	224	10.4
工作推动不够	318	14.8
宣传策划不够	500	23.2
缺少理论研究	268	12.4
缺少民政标识	113	5.2
其他	64	3.0
总计	2155	100

同时在调研中，我们还发现为了促进民政文化的形成与发展，浙江省各级民政部门开展了许多相关活动。但是从前文的分析中我们知道在浙江省各级民政部门的工作人员中，民政文化建设及其民政文化内涵的知晓率并不高。为什么会出现这种情况呢？作为文化形式的一种，和其他形式的文化一样，民政文化的形成需要很长的时间，更重要的是需要有一个良好的环境。而一个良好的环境需要有一个持久的政策与制度力量来保障。因而民政文化不可能通过几次相关活动而形成。但是在浙江省民政文化建设的过程中，还缺少相关的政策与长久持续的制度力量为民政文化建设提供一个有利的环境。因此浙江省在民政文化的建设过程中需要建立起持久的制度措施，提供更好的政策，为促进良好民政文化的形成与发展保驾护航。

附录二
浙江省民政文化调查问卷

问卷编号：（________________）

您好！受浙江省民政厅委托，我们承担了浙江省民政厅2014年度重点课题“现代大民政时代下的浙江民政文化发展研究”。为了配合课题研究，我们特设计本问卷。本次调查完全匿名，我们将严格保密您的个人信息，调查不会对被调查者产生不利影响。感谢您在百忙之中抽出时间填写我们的问卷！

浙江省民政厅宣传处

浙江省民政厅民政研究中心

浙江大学民政研究中心

2015年1月7日

民政文化问卷调查对象：

1. 民政厅：各处室和直属单位，每个处室（单位）2—3名；

2. 11个市民政局：局领导加上各处室和直属单位，每个局40名；

3. 各县（市、区）民政局：民政局领导加上各科室和直属单位，每个局15名。

填答说明：

本问卷除特别说明外均为**单项选择题**；请您在题后的括号中填答。

我们对占用您的宝贵时间表示衷心的感谢，还请您本人亲自填写。

请您在收到并填写问卷后，在**2015年1月15日**前将问卷发送至<mzwhdc@126.com >**邮箱**。

谢谢您的合作！

A1. 您的性别是：（　　）

1. 男　　2. 女

A2. 您的年龄是（　　）周岁

A3. 您的政治面貌是：（　　）

1. 共产党员　　2. 共青团员　　3. 民主党派
4. 无党派人士　　5. 群众

A4. 您的教育程度是：（　　）

1. 初中及以下　　2. 高中、职高、技校、中专
3. 大专　　4. 本科　　5. 研究生及以上

A5. 您的工作年限是（　　）年，其中从事民政工作（　　）年

A6. 您从事哪方面的民政工作（　　）

1. 救灾减灾工作　　2. 社会事务工作（婚姻、殡葬）
3. 社区建设工作　　4. 社会救助工作

5. 社会福利工作　　6. 双拥与优抚安置工作
7. 社会组织管理工作　　8. 行政区划与地名管理工作
9. 水库移民安置工作　　10. 老龄事业与老年服务工作
11. 福利工作　　12. 福利彩票工作
13. 儿童福利与慈善事业工作　　14. 厅或局的领导工作
15. 其他

A7. 您认为，“大民政”时代民政工作的主要特征是：（　　）

（　　）（　　）（　　）（　　）（　　）

（请您最多选择3项，并按重要性由高到低依次进行排序）

1. 多元性　　2. 公益性　　3. 保障性　　4. 政治性
5. 社会性　　6. 民事性　　7. 群众性　　8. 行政性

A8. 您认为以下哪些词语能够代表浙江省民政文化的核心理念：

（　　）（　　）（　　）（　　）（　　）

（请您最多选择5项，并按重要性由高到低依次进行排序）

1. 服务民生　　2. 以民为本　　3. 保障民权
4. 惠及民利　　5. 为民解困　　6. 廉洁阳光
7. 爱岗敬业　　8. 诚信　　9. 奉献
10. 公平　　11. 共建共享　　12. 便民
13. 仁爱向善　　14. 忠诚　　15. 创新
16. 尊重　　17. 负责　　18. 勤政
19. 贴心为民　　20. 高效　　21. 务实
22. 守望相助　　23. 公正

A9. 您听说过“民政文化建设”这个提法吗？（　　）

1. 听说过　　2. 没有听说过

（如果您选择“2.没有听说过”，那么请您跳过A10和A11题，直接回答A12题）

A10. 请您列举出3—5个您认为属于民政文化范畴的概念（例如慈善文化），并请按照重要性加以排序：

__________，__________，__________，__________，__________。

A11. 对于“民政文化”这个概念的基本含义，您是否了解？（　　）

1. 了解　　2. 听说过，但不是很了解
3. 不清楚

A12. 您认为民政文化建设对于民政工作来说是否具有意义：（　　）

1. 非常有意义　　2. 有意义　　3. 一般
4. 没有意义　　5. 毫无意义

A13. 您认为民政文化建设中存在的主要问题是：（　　）

（请您最多选择3项，并按严重性由高到低依次进行排序）

1. 民政文化的含义不够明确，缺少抓手　　2. 领导重视不够
3. 工作推动不够　　4. 宣传策划不够
5. 缺少理论研究　　6. 缺少民政标识
7. 其他

A14. 您认为慈善文化的创新载体和抓手是什么：（　　）

（请您最多选择3项，并按重要性由高到低依次进行排序）

1. 颁奖活动　　2. 新闻发布会　　3. 设置奖项
4. 持续宣传　　5. 其他

A15. 您认为养老文化应注重的创新载体和抓手是什么：（　　）

（请您最多选择3项，并按重要性由高到低依次进行排序）

1. 机构或社区形成的特色养老文化　　2. 老年博览会

3. 敬老月活动　　4. 老年高峰论坛

5.多种载体宣传　　6. 其他

A16. 您认为“三社文化”建设当中重要的创新载体是什么：（　　）

（请您最多选择3项，并按重要性由高到低依次进行排序）

1. 社区节　　2. 邻里文化

3. 帮扶文化　　4. 社会组织公益创投

5. 多种载体宣传　　6. 其他

A17. 在您所从事的民政工作方面，请您列举该方面民政工作的突出案例，并简要描述（例如，您在民政局从事慈善方面的工作，那么请您提供一个或若干个有关慈善方面的典型案例或慈善文化现象）：

A18. 最后，请问您对民政文化建设有何建议：